寧壽鑑古

〔清〕梁詩正 等撰
民國二年 上海涵芬樓石印寧壽宮寫本

三

北京燕山出版社

寧壽鑑古卷十三目録

盤

周

漢

洗

周

弦紋洗

素洗

漢

雙魚洗一 有銘

雙魚洗二

大吉洗 有銘

獸耳洗一

獸耳洗二

獸耳洗三

盂

漢

瓿

周

環雲瓿

蟠夔瓿

雷紋瓿

漢

乳瓿

獸環瓿

唐

素瓿

塗金瓿

缶

漢

環耳缶

奩

周

素奩

漢

蟠夔奩

垂雲奩

鐎斗

漢　素鐎斗

奩

漢　蟠虺奩一

蟠虺奩二

獸耳奩一

獸耳奩二

獸環奩一

獸環奩二

夔紋奩一

夔紋奩二

金錯奩

鑵

漢

澡豆鑵一

澡豆鑵二

唐

澡豆鑵一

澡豆罐二

澡豆罐三

臼

漢

雙耳臼

周立戈盤

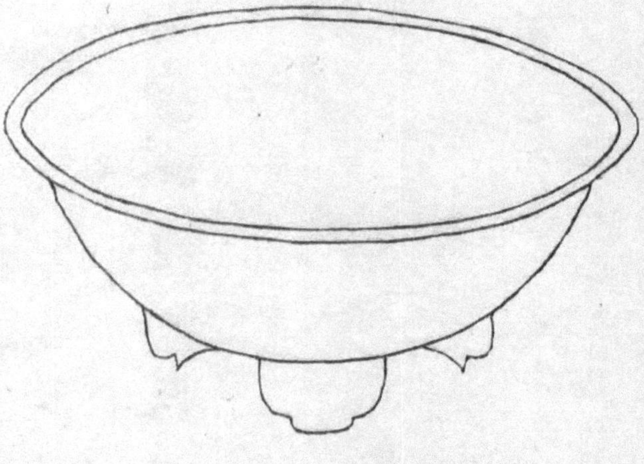

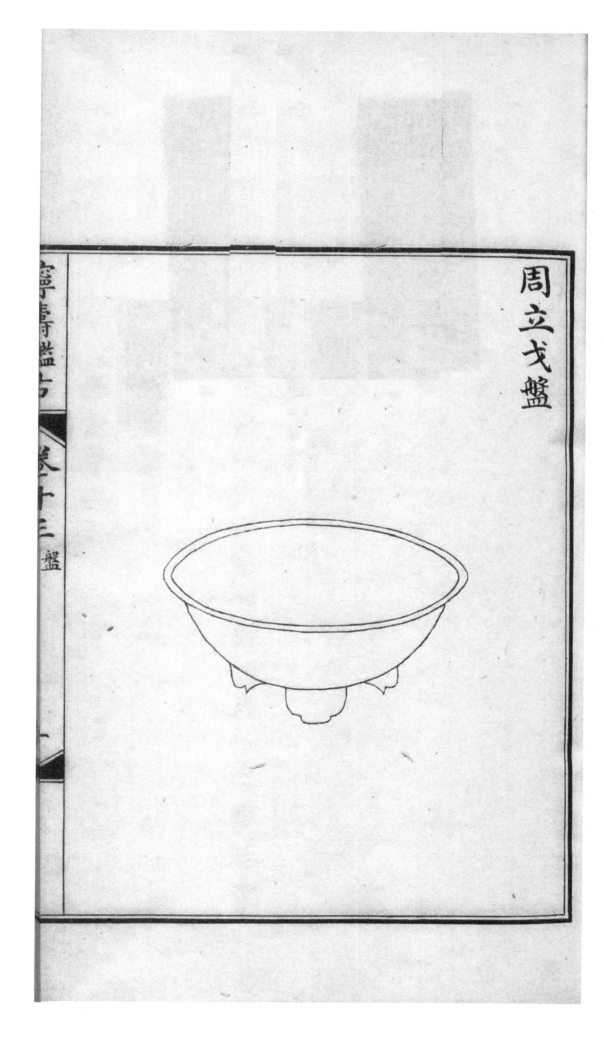

子立戈形

右高三寸深一寸八分口徑一尺一分重七十三兩三足

漢弦紋盤

右高三寸一分深二寸口径八寸五分重六十五兩

漢素盤一

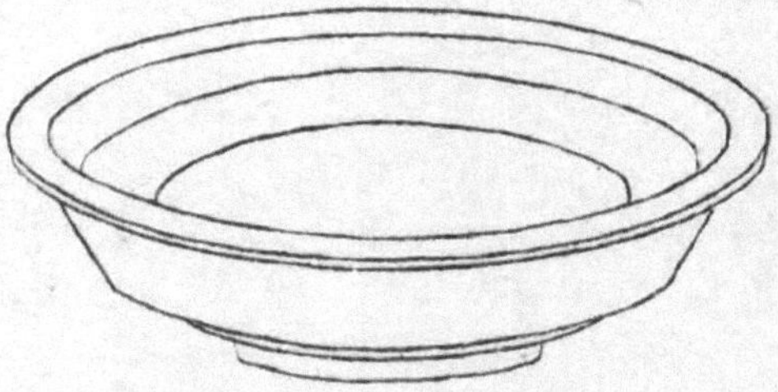

右高八分深六分口徑六寸一分重十八兩

漢素盤二

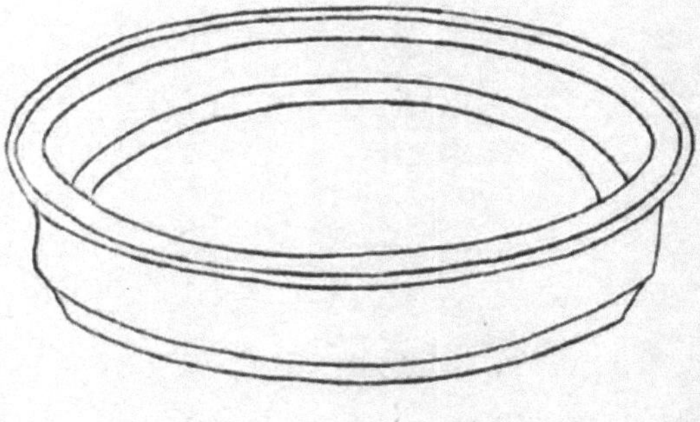

右高一寸二分深一寸一分口徑六寸五分重十八兩

漢素盤三

右高一寸二分深一寸一分口徑六寸五分重十八兩

周弦紋洗

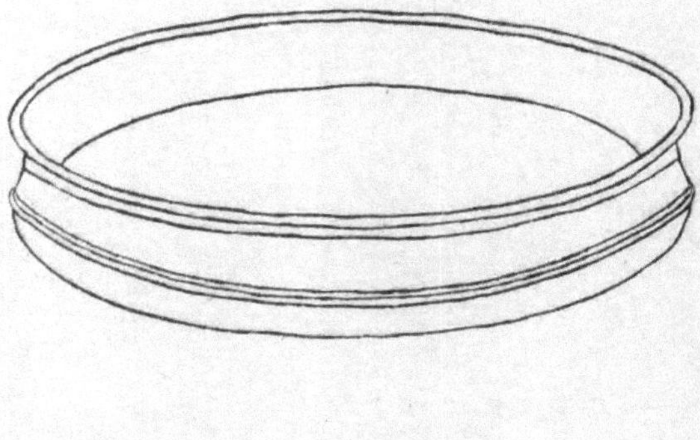

右高一寸四分深一寸三分口徑六寸九分重
五十三兩

周素洗

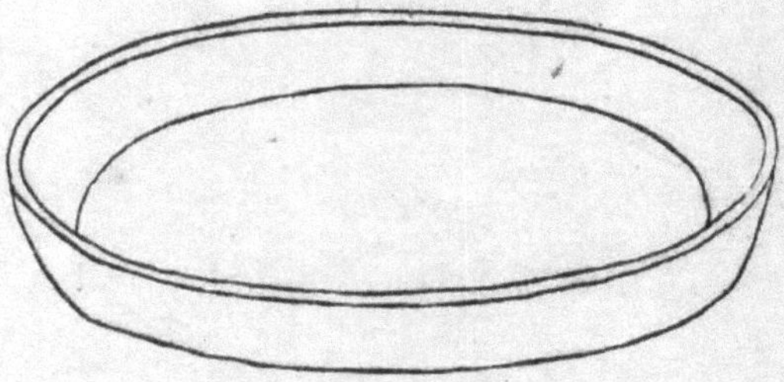

右高八分深六分口徑四寸三分重七兩

漢雙魚洗一

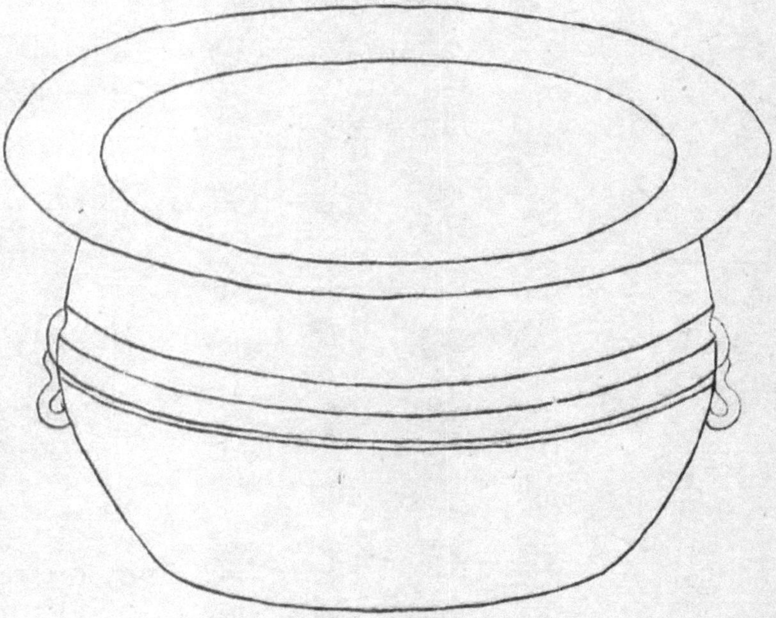

富昌其宜王

富昌其宜王

右高五寸一分深五寸口徑一尺一寸三分重九十五兩按銘詞多增減筆法蓋古之繆篆所以摹印宜侯王漢器多有之此銘無侯字省文也旁作雙魚紋舊說謂洗以貯水故往往取象于魚耳

漢雙魚洗二

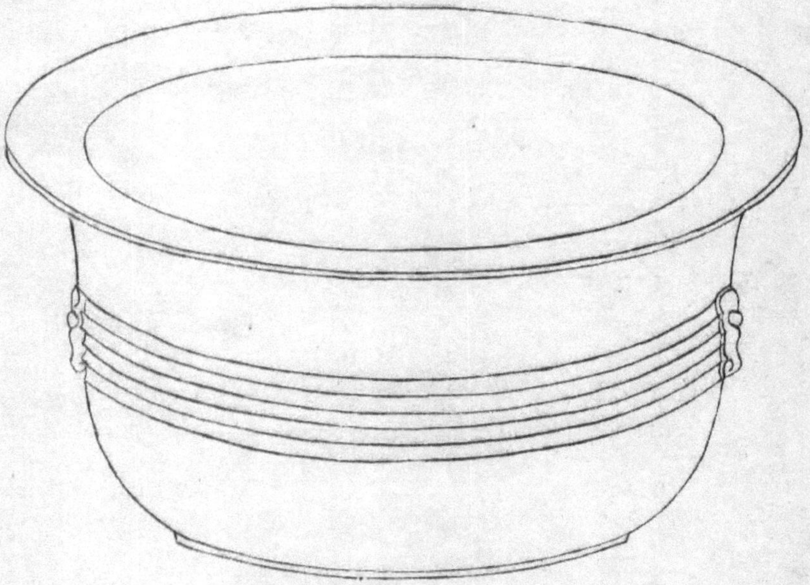

右高五寸深四寸八分口徑一尺一寸三分重
一百四十四兩

漢太吉洗

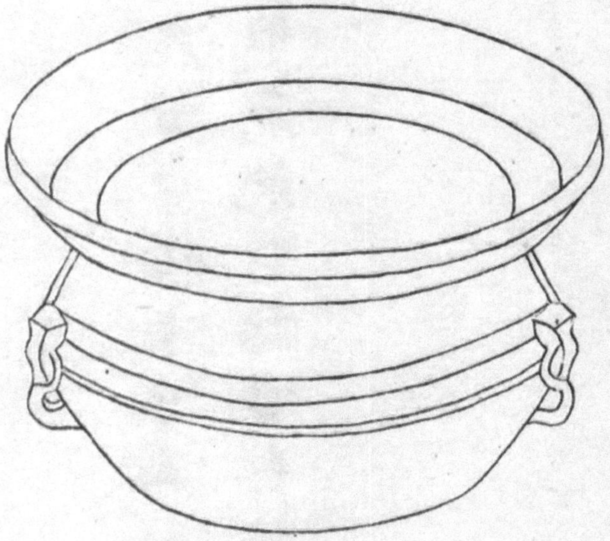

大吉

右高四寸深三寸九分口徑七寸五分重六十一兩案西清古鑑雙魚洗有銘吉有銘大吉利此其類也

漢獸耳洗一

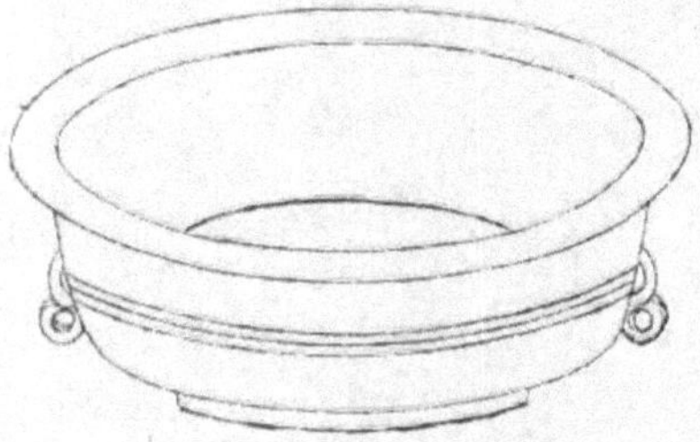

右高一寸四分深一寸三分口徑四寸二分重十三兩塗金

漢獸耳洗二

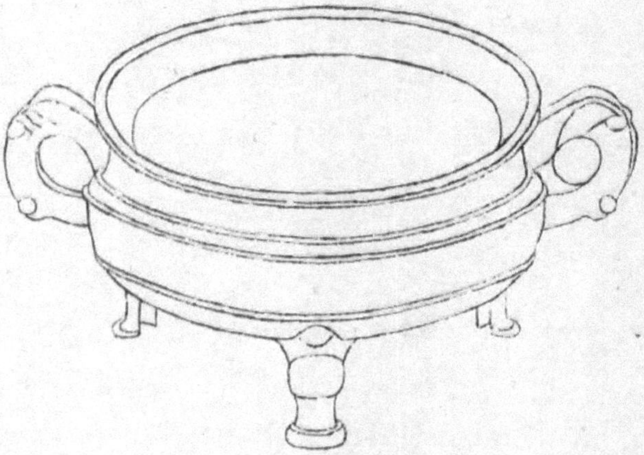

右高三寸一分深二寸三分口徑五寸一分重二十四兩

漢獸耳洗三

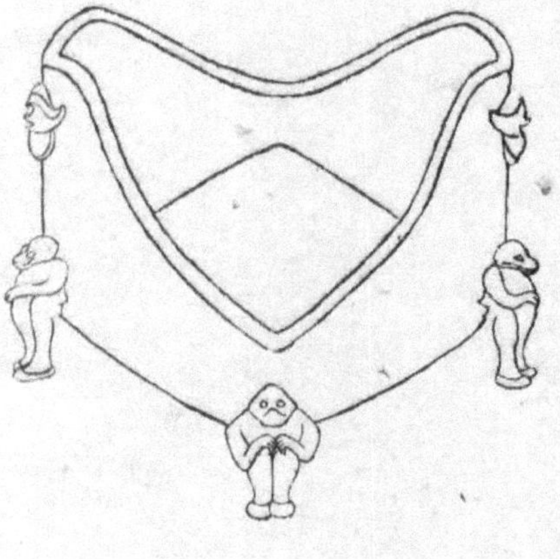

右高二寸四分深七分口徑三寸重十九兩

漢獸環洗

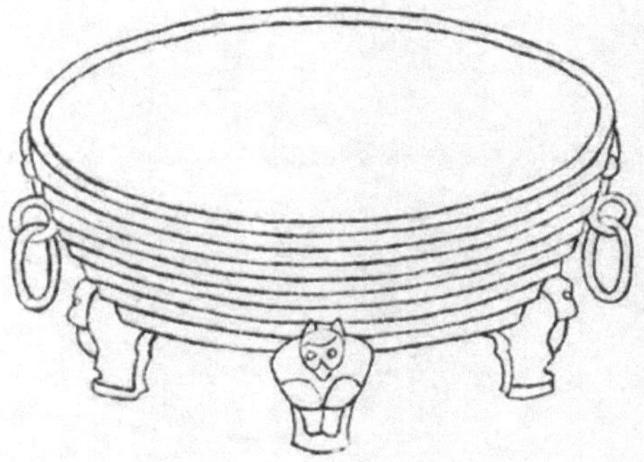

右高二寸深一寸六分口徑五寸三分重十八兩

漢環紋洗

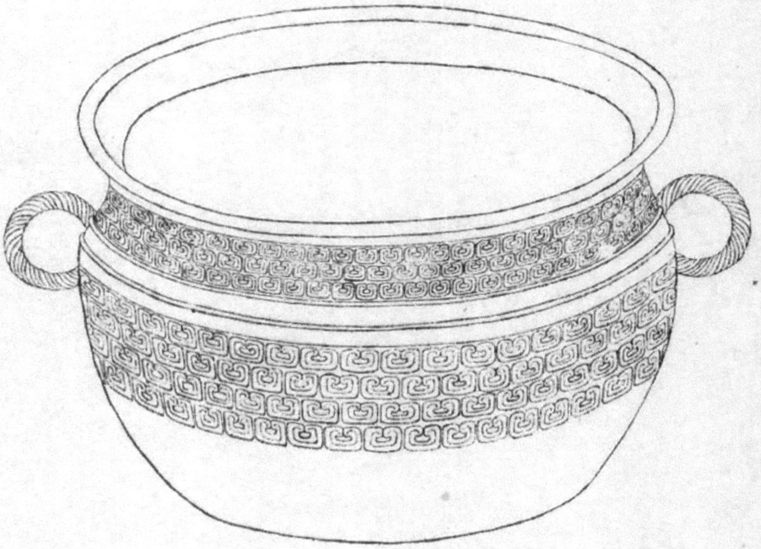

右高四寸二分深四寸一分口徑七寸五分重
六十兩

漢帶紋洗

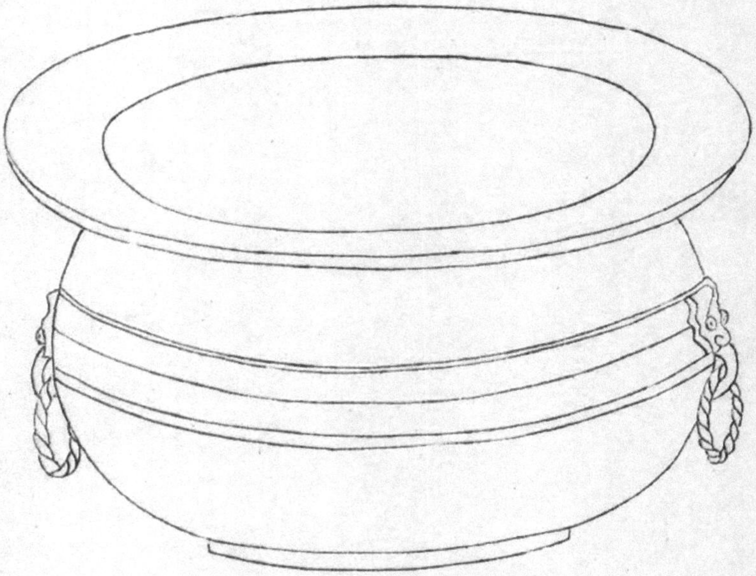

右高四寸八分深四寸六分口径一尺一分重一百三十两

漢弦紋洗

右高二寸一分深二寸口徑七寸八分重五十三兩

漢素洗一

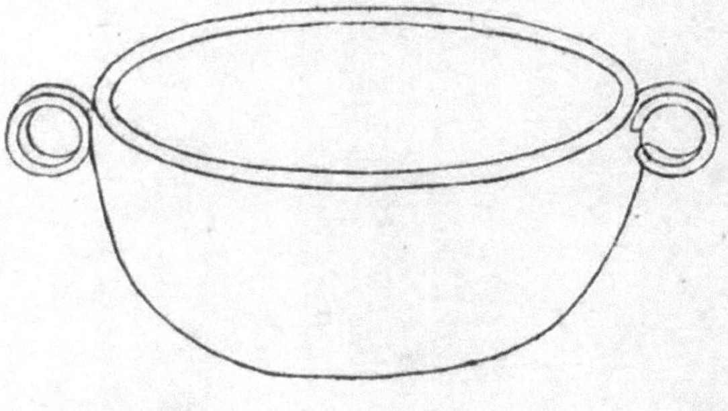

寧壽鑑古　卷廿三　洗　廿七

右高二寸二分深二寸一分口徑五寸重十兩

漢素洗二

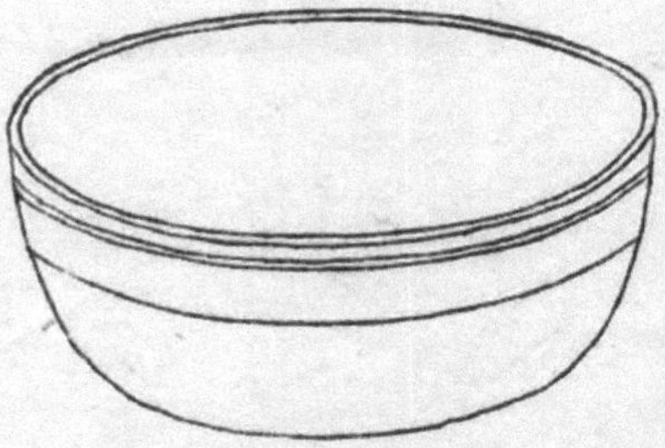

右高一寸六分深一寸五分口徑四寸七分重十兩

漢素洗三

右高二寸九分深二寸六分口径五寸重二十
四兩

漢素盂

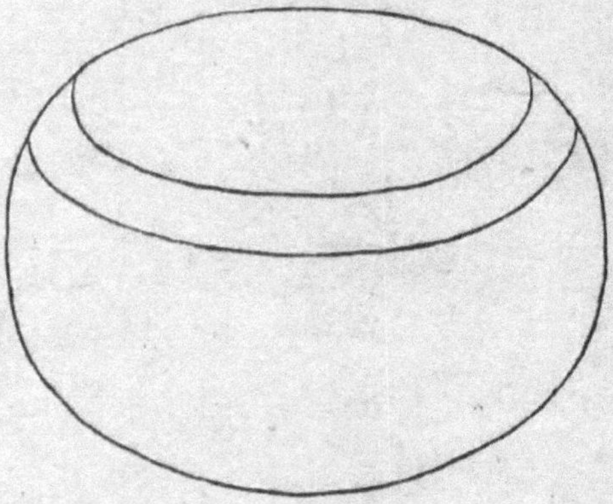

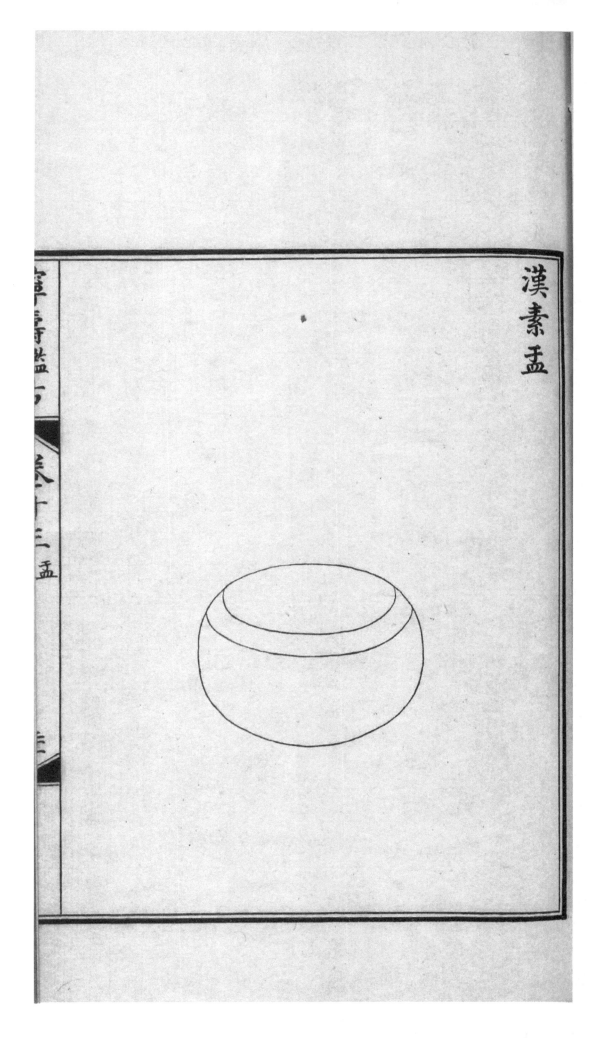

右高二寸九分深二寸八分口徑四寸五分重

四十六兩

周環雲瓿

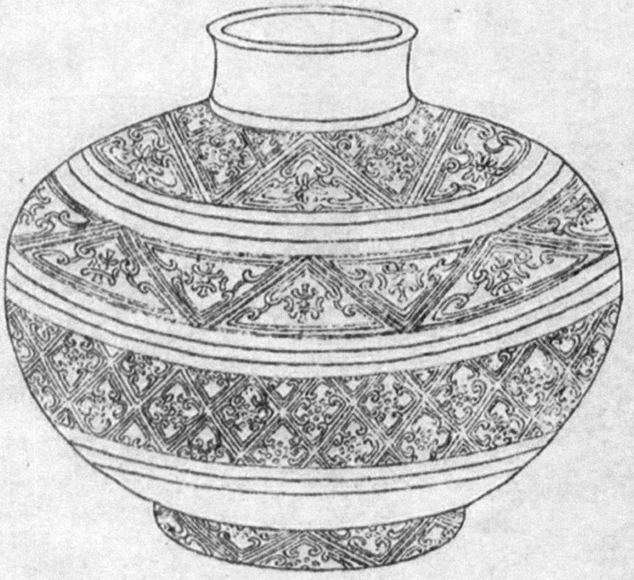

右高六寸二分深五寸六分口径三寸腹圍一尺七寸五分重五十三兩

周蟠夔瓿

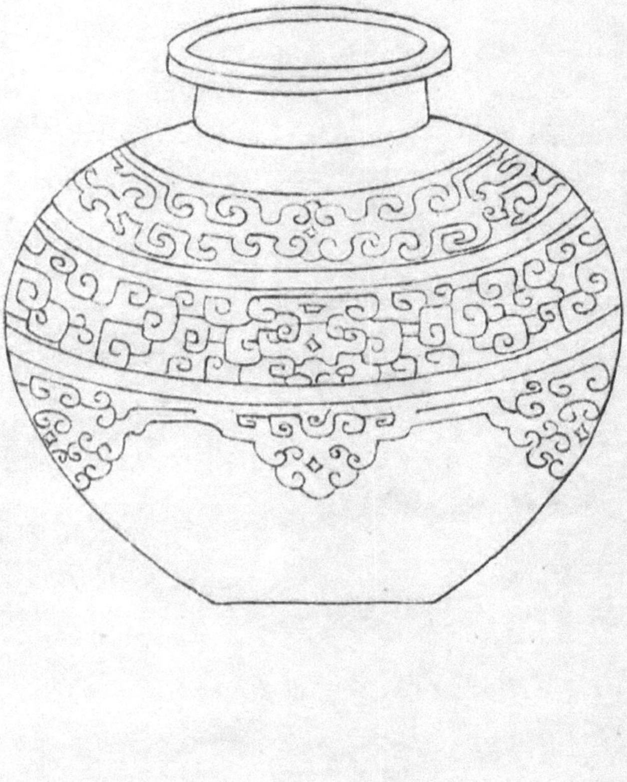

右高七寸六分深七寸四分口徑三寸七分腹
圍二尺八寸五分重一百七十一兩

周雷紋瓿

右通蓋高二尺一寸七分深一尺五寸六分口徑六寸七分腹圍四尺一寸七分重八百八十兩

漢乳甑

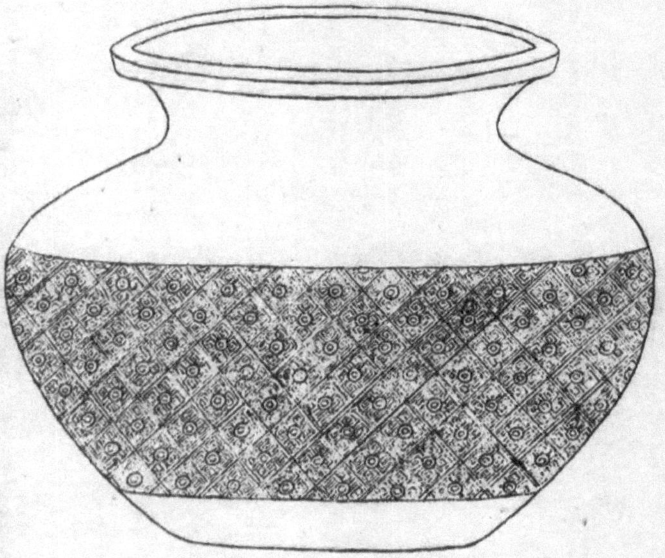

右高六寸三分深六寸口徑六寸一分腹圍二
尺六寸四分重一百三十九兩翡翠飾

漢獸環瓿

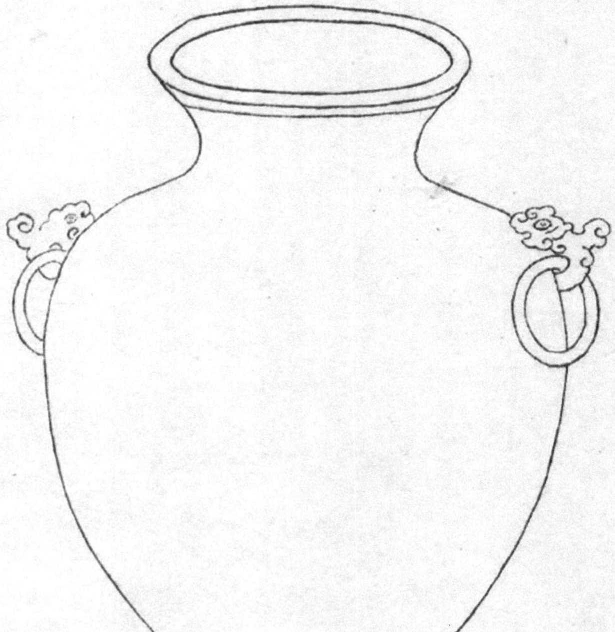

右高七寸五分深七寸四分口徑四寸三分腹
圍二尺三寸二分重九十四兩

漢素瓿

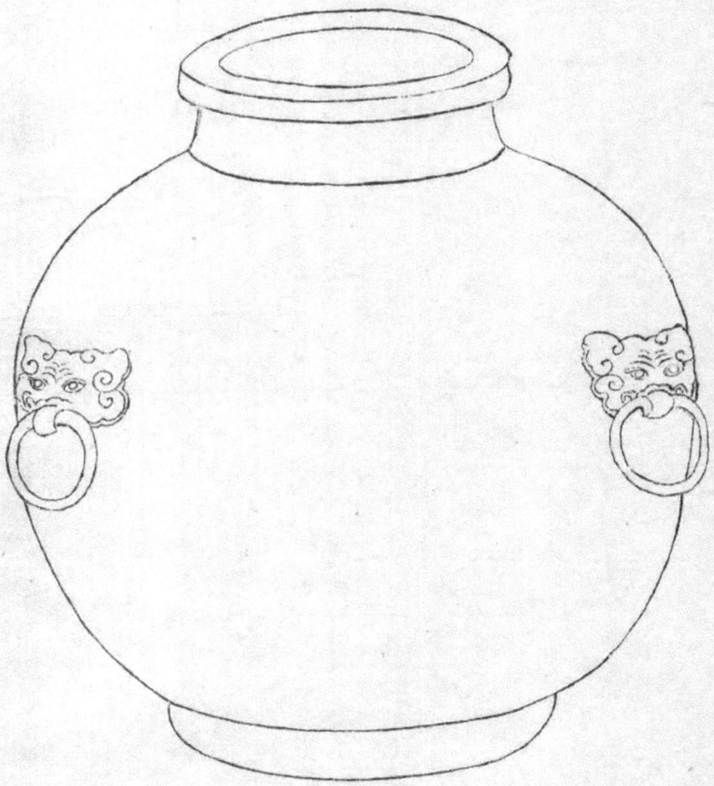

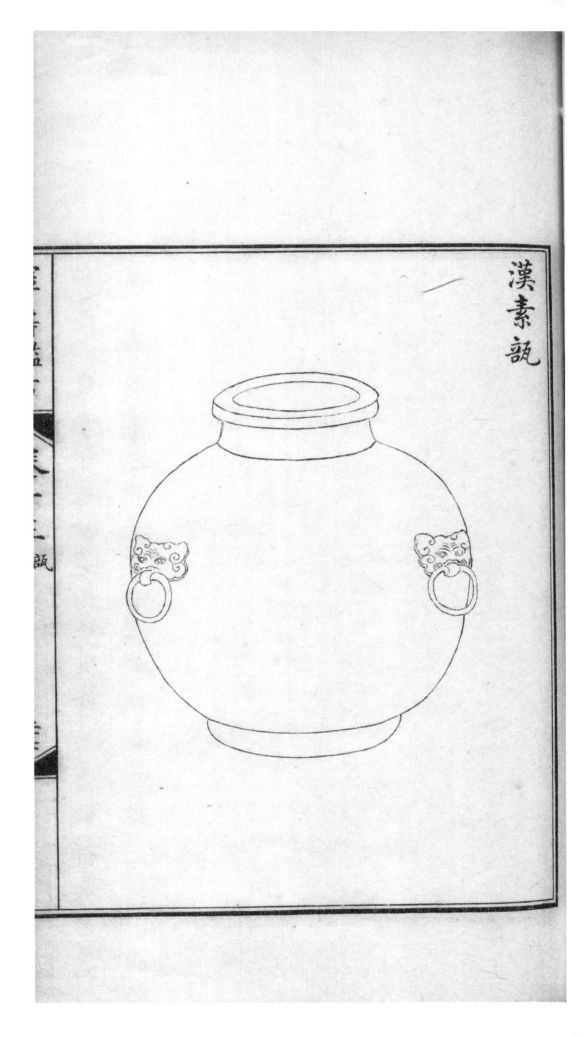

右高一尺四寸二分深一尺二寸九分口徑五寸八分腹圍四尺二寸重五百四十四兩

唐塗金瓿

右高二寸三分深二寸二分口徑一寸一分腹圍九寸五分重六兩

漢環耳缶

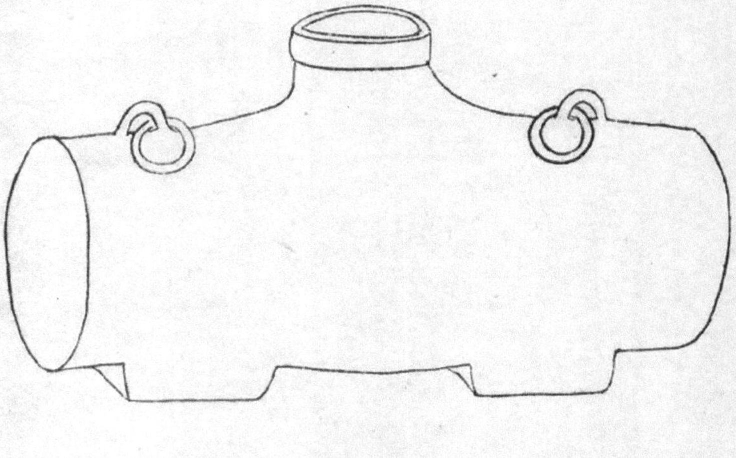

右高五寸八分深五寸六分口徑二寸一分腹縱三寸五分橫九寸五分重一百四兩兩耳連環

周素奩

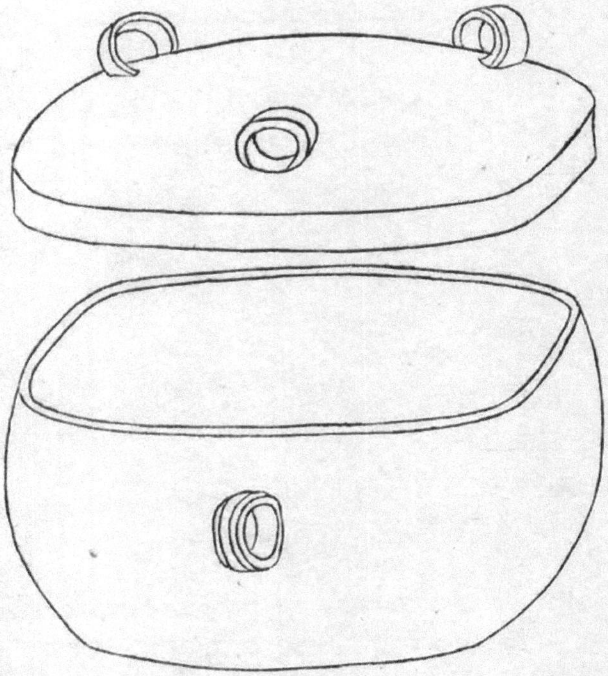

右通盖高四寸二分深三寸一分口徑四寸八分横六寸五分腹圍二尺重四十二兩

漢蟠夔奩

右通蓋高四寸八分深三寸口徑二寸三分腹
圍一尺四分重二十一兩銀錯

漢垂雲奩

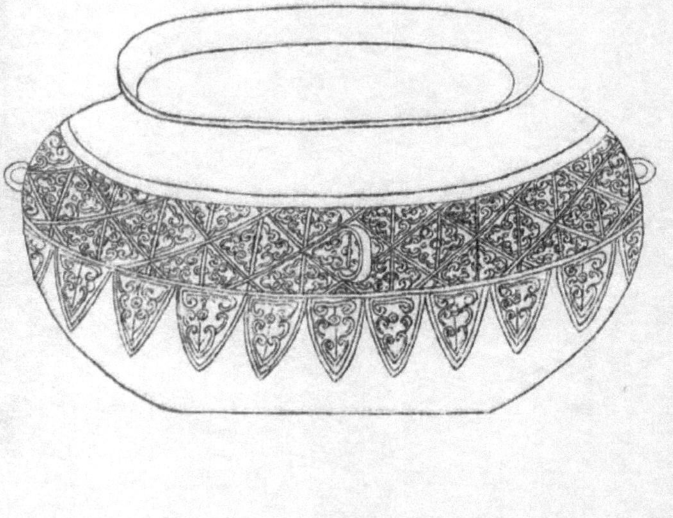

右高三寸深二寸八分口徑二寸八分橫三寸
七分腹圍一尺四寸三分重十三兩

漢素鐎斗

右通盖高四寸五分深三寸三分口徑二寸腹
圍一尺五寸二分重五十五兩有流有鋬三足

漢蟠虺奩一

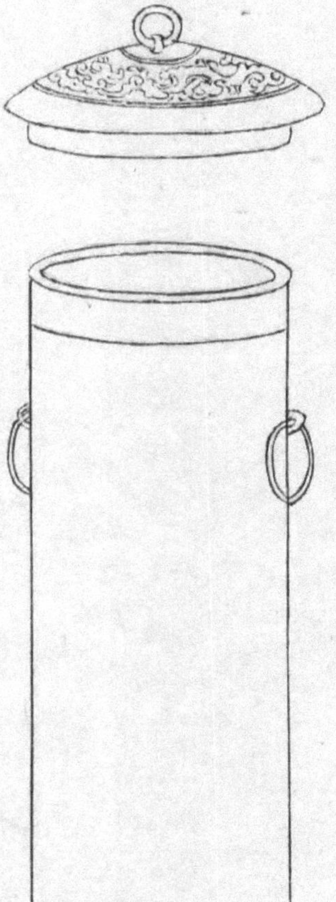

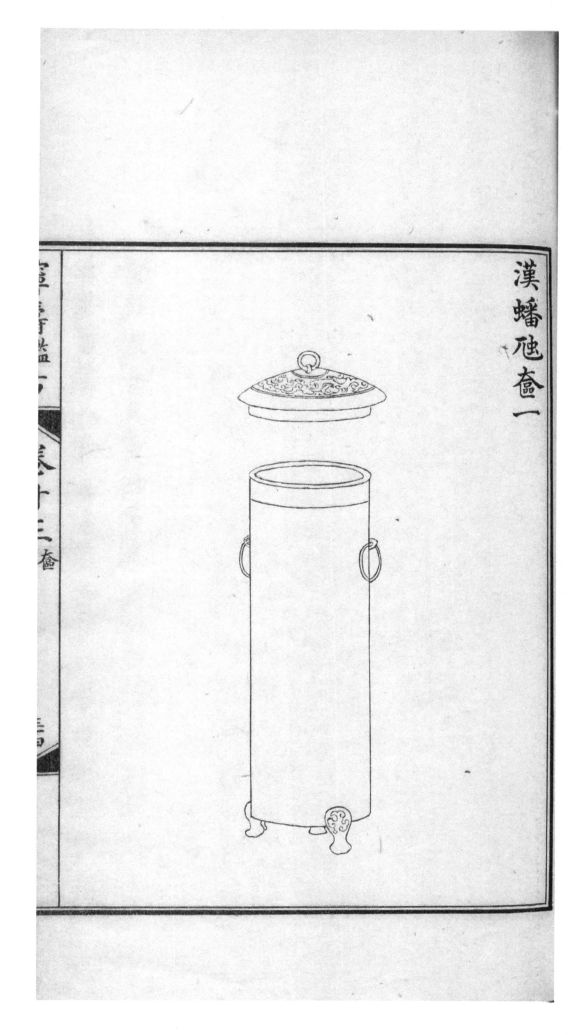

右通盖高八寸三分深六寸八分口径三寸二
分腹圍一尺重四十两

漢蟠虺奩二

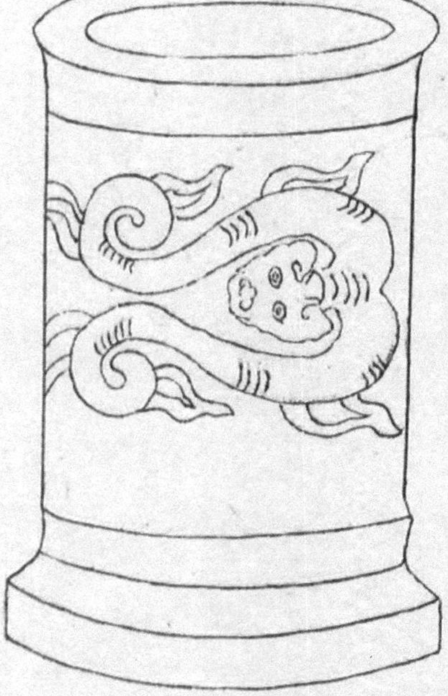

右高四寸三分深三寸七分口徑三寸一分腹圍九寸八分重三十二兩

漢獸耳奩一

右高三寸四分深二寸九分口徑四寸九分腹圍一尺五寸六分重二十六兩

漢獸耳奩二

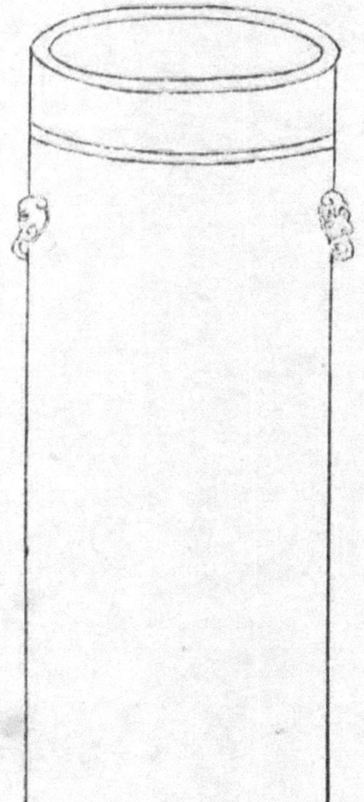

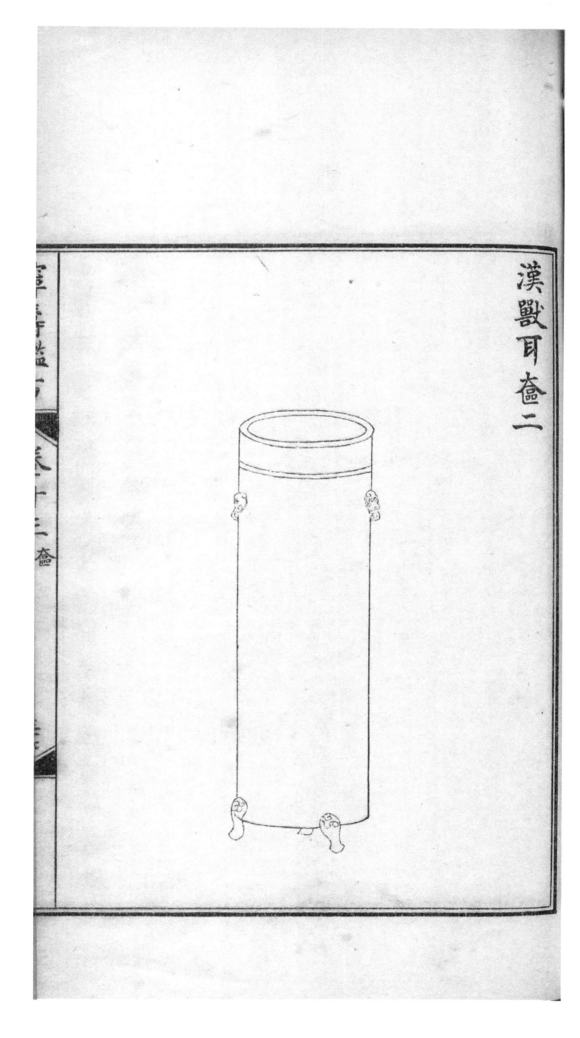

右高七寸一分深六寸七分口徑三寸一分腹圍一尺重二十四兩

漢獸環奩一

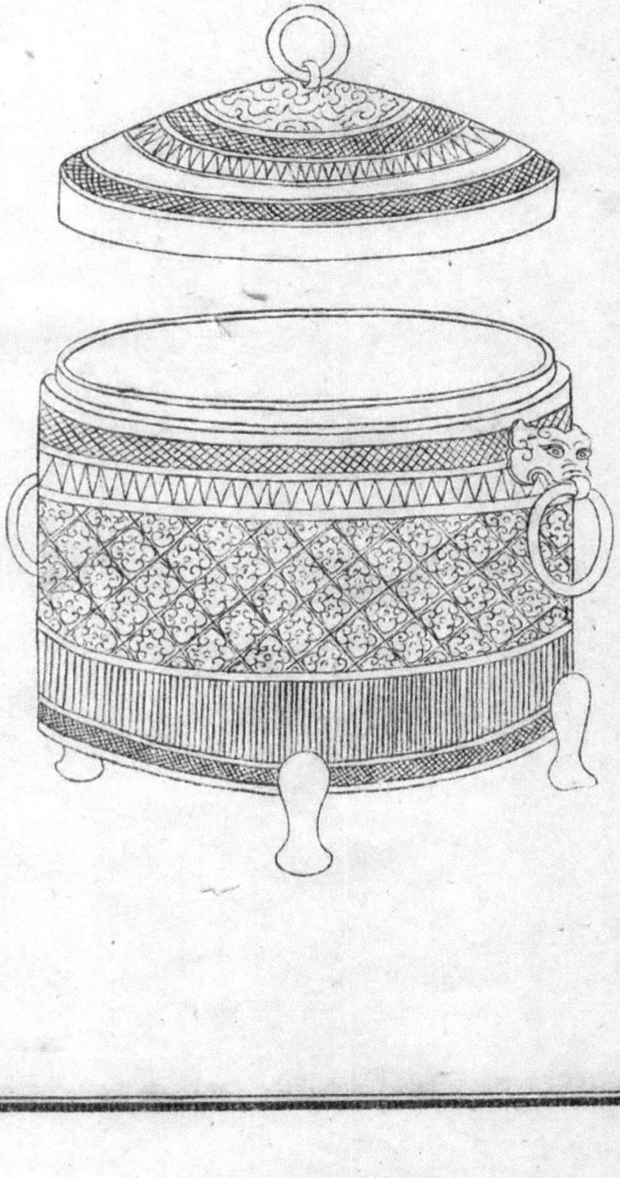

右通蓋高四寸深二寸八分口徑四寸六分腹
圍一尺四寸六分重二十一兩

漢獸環奩二

右高五寸深四寸口徑六寸八分腹圍二尺一
寸八分重七十六兩

漢夔紋奩一

右高二寸八分深二寸四分口徑三寸一分腹圍一尺一寸八分重二十四兩金銀錯

漢夔紋奩二

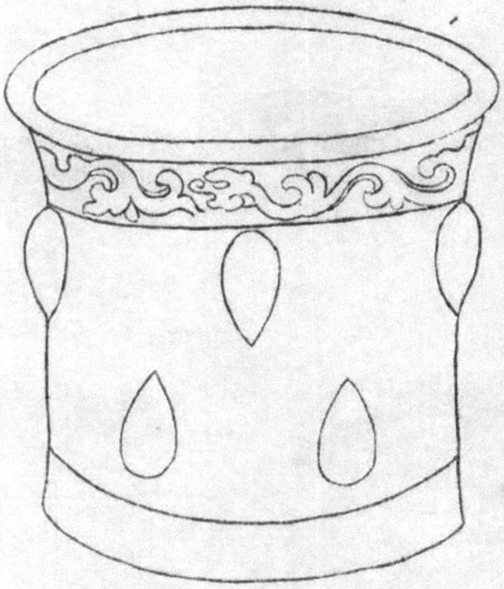

右高三寸七分深三寸六分口径四寸一分腹
圍一尺二寸一分重九十六两

漢金錯奩

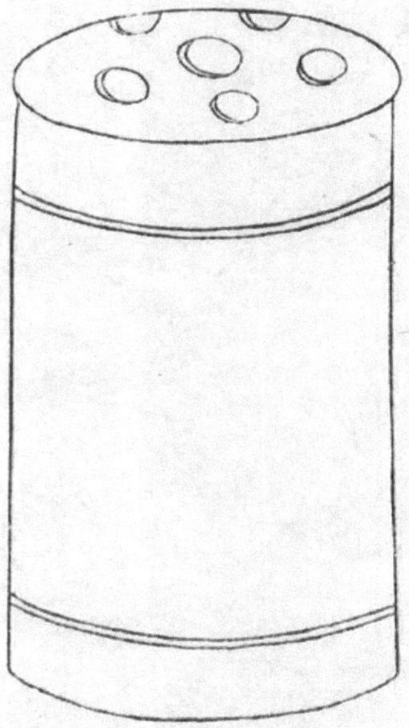

右高三寸二分深三寸一分腹圍六寸重十五兩

漢澡豆罐一

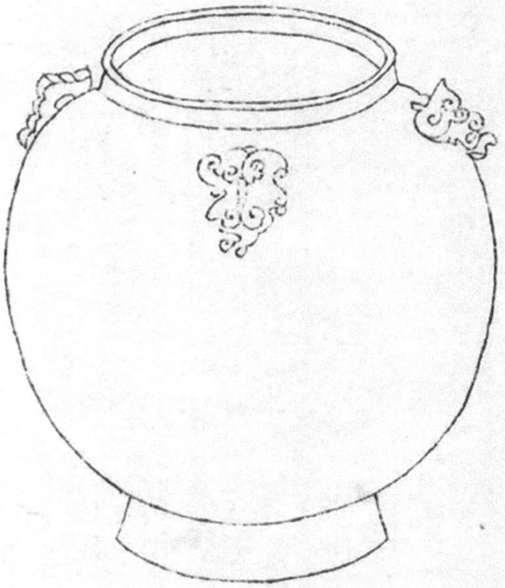

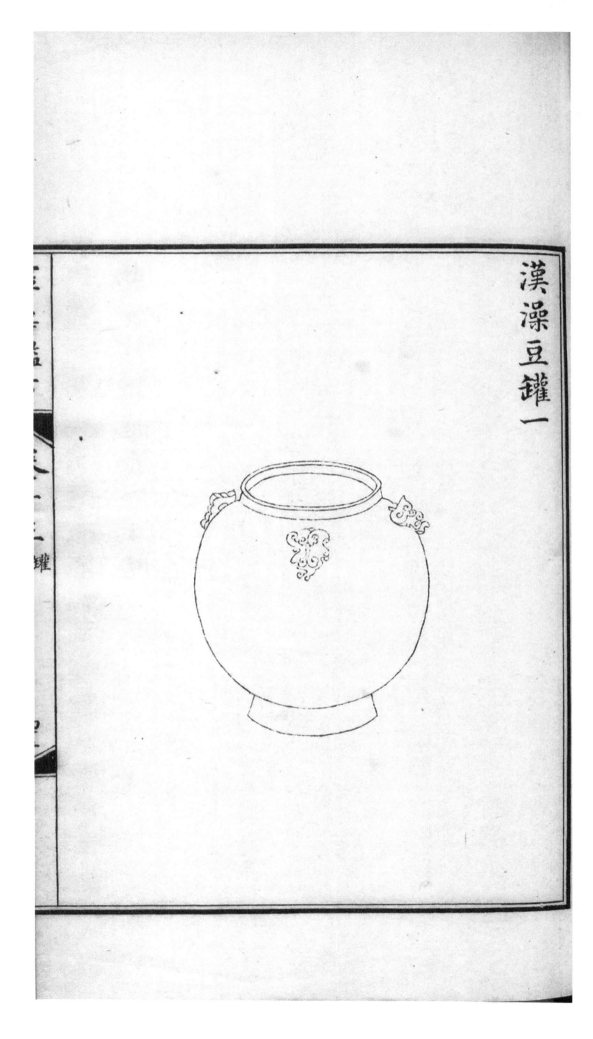

右高三寸二分深二寸六分口徑一寸七分腹
圍九寸五分重十五兩

漢澡豆罐二

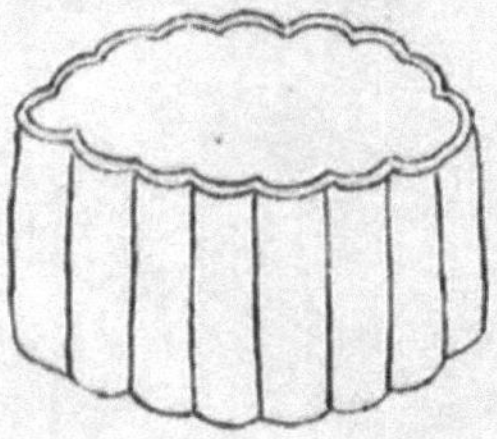

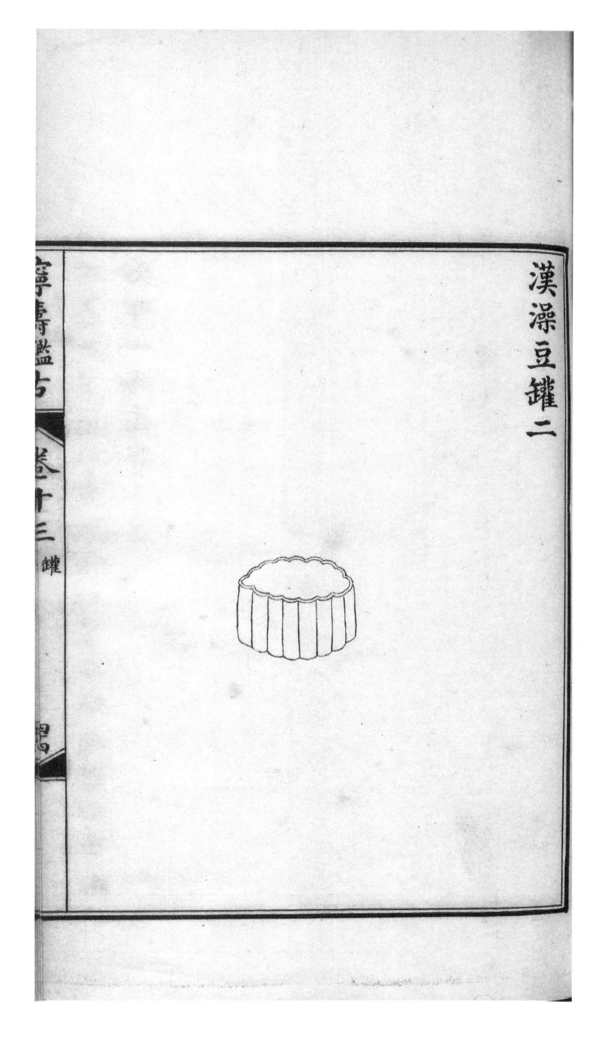

右高一寸深八分口徑一寸二分腹圍四寸四分重一兩有半

唐澡豆罐一

右高二寸八分深二寸口径一寸五分腹圍八寸五分重十三兩

唐澡豆罐二

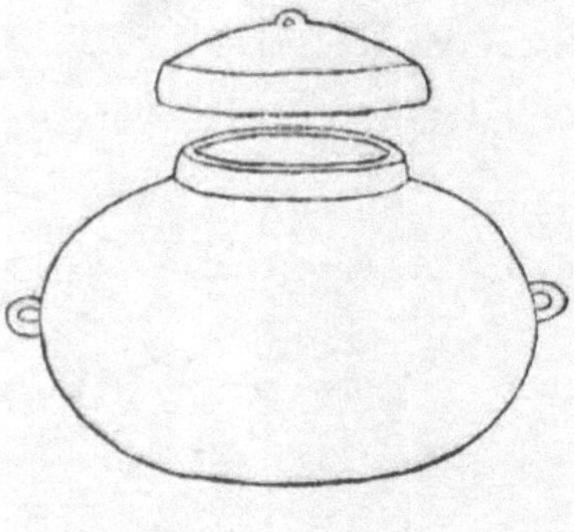

右通蓋高一寸八分深一寸五分口徑九分腹
圍五寸八分重三兩

唐澡豆罐三

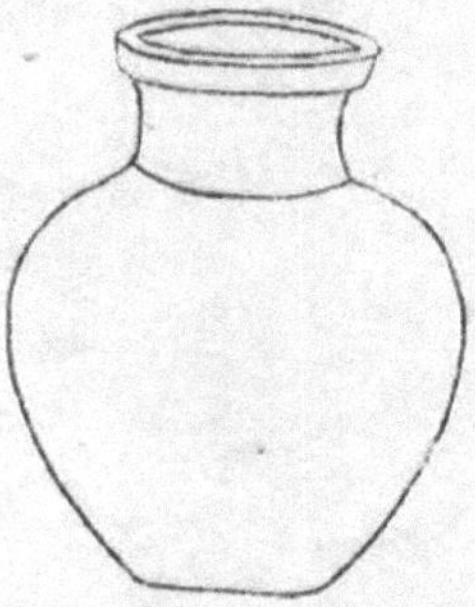

右高一寸八分深一寸七分口徑七分腹圍一寸八分重二兩有半

漢雙耳臼

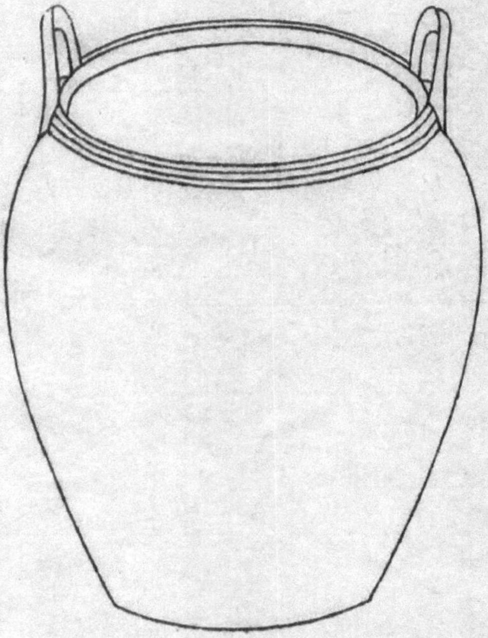

右高五寸四分深五寸一分口徑四寸腹圍一尺六寸重五十兩

寧壽鑑古卷十四目録

鐘

鐸

周
乳鐸
鈴
周
旂鈴
漢
旂鈴
戚
周
舞戚

帳構

漢

帳構

杖頭

漢

鳩首杖頭

鐓

漢

仗鐓一

仗鐓二

雙螭表座二
雙螭表座三
蒼兕表座
唐
雙螭表座
雙羊表座
登足
周
蟠虺登足
硯滴

書鎮

立鷹書鎮

鑪

漢

博山鑪一

博山鑪二

博山鑪三

博山鑪四

博山鑪五

博山鑪六

角端鑪

唐

寶鴨熏鑪

提鑪

周樂天鐘

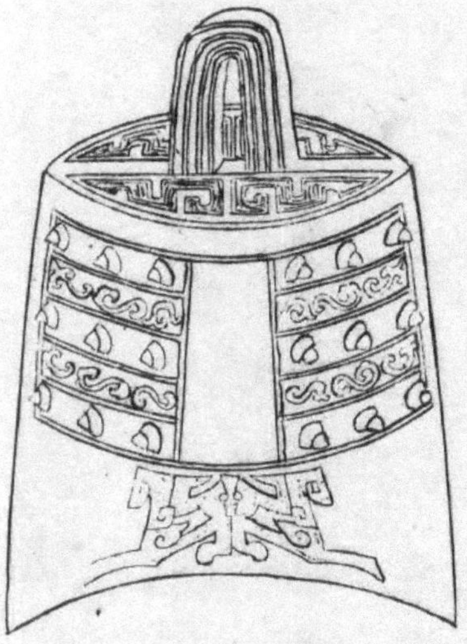

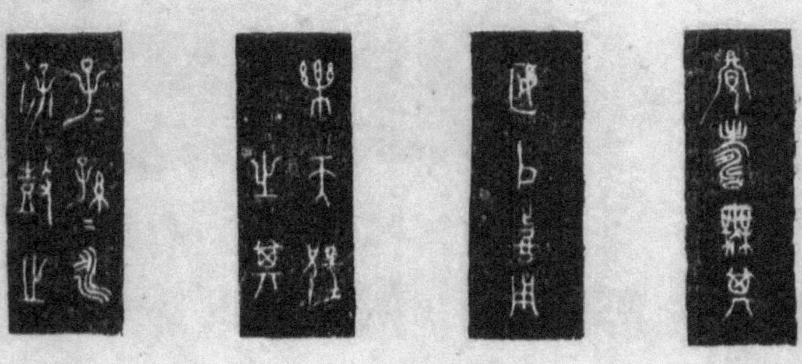

眉壽無諆

匽以喜用

樂天。
之其

子子孫孫永
保鼓之

右高三寸七分鈕高一寸濶八分兩舞相距二

寸六分横一寸九分兩銑相距二寸九分横二
寸一分枚三十六各長一分重四十四兩鼓上
銘曰眉壽無其又曰匽以喜用銑上銘十四字
可識者惟樂天之其子子孫孫永保鼓之十二
字此是編鐘之一審其文義皆有上下文未完
案薛尚功鐘鼎款識載許子鐘銘計六十四字
中有用匽以喜用樂嘉賓又有萬年無諆眉壽
無已子子孫孫永保鼓之等句銘似節取其詞
而樂天字為此鐘所獨孟子云樂天者保天下
或取義于此諆與其古文相通匽玉篇以為宗

廟盛主之器周禮春官祭祀則共匰主然則是鐘亦用之宗廟中耳

周太公鐘一

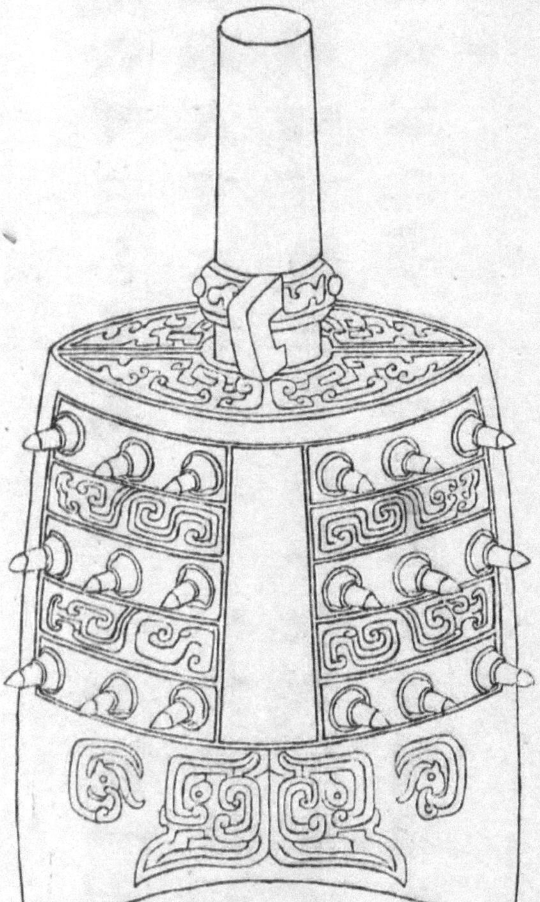

太公

。。

右高六寸三分甬高三寸七分徑一寸有旋兩舞相距五寸二分橫三寸八分兩銑相距五寸五分橫四寸枚三十六各長六分重二百八兩銘惟太公二字可辨亦與後鐘同類也

周太公鐘二

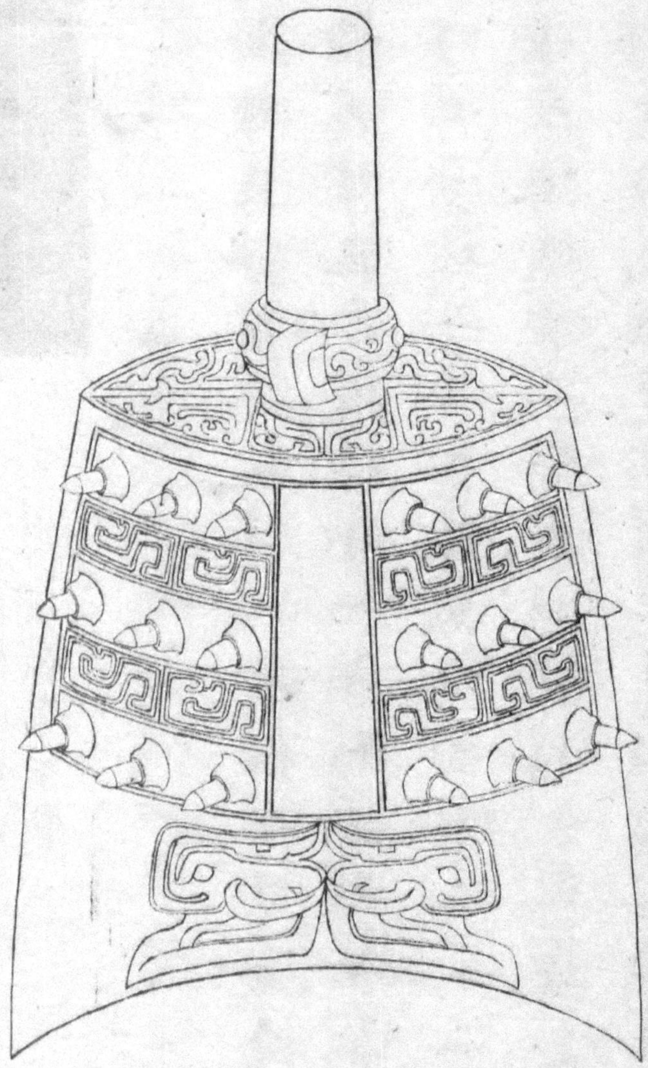

太公作旅鐘
子孫永寶用

右高七寸三分甬長三寸八分徑一寸有旋兩
舞相距五寸五分橫四寸一分兩銑相距六寸
橫四寸六分枚三十六各長六分重二百二十
六兩按左傳歌鐘二肆注曰肆列也懸鐘十六
為一肆二肆為數三十有二是編鐘之類甚衆
故此銘曰旅鐘旅衆也與爵斝之銘旅彝者同

義

周蟠螭鐘

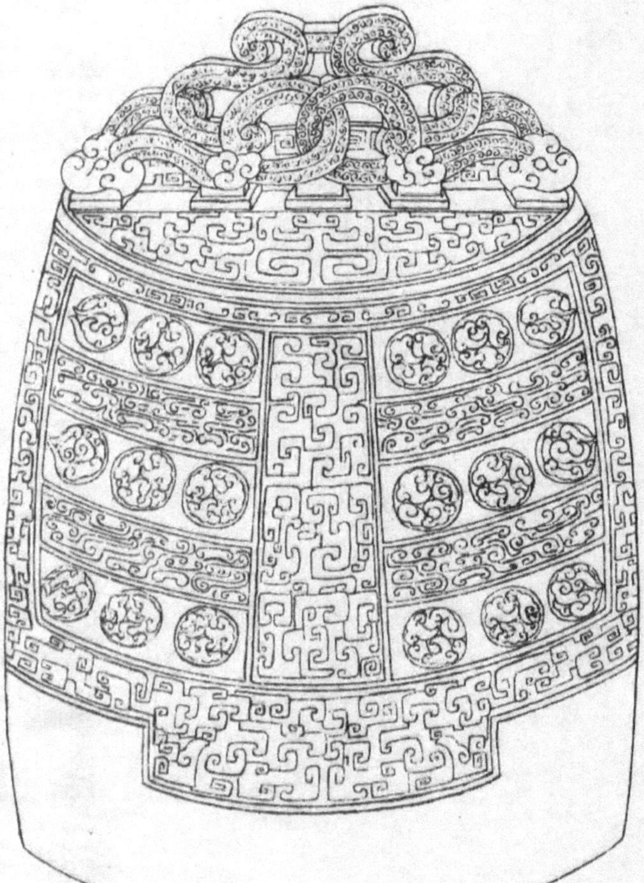

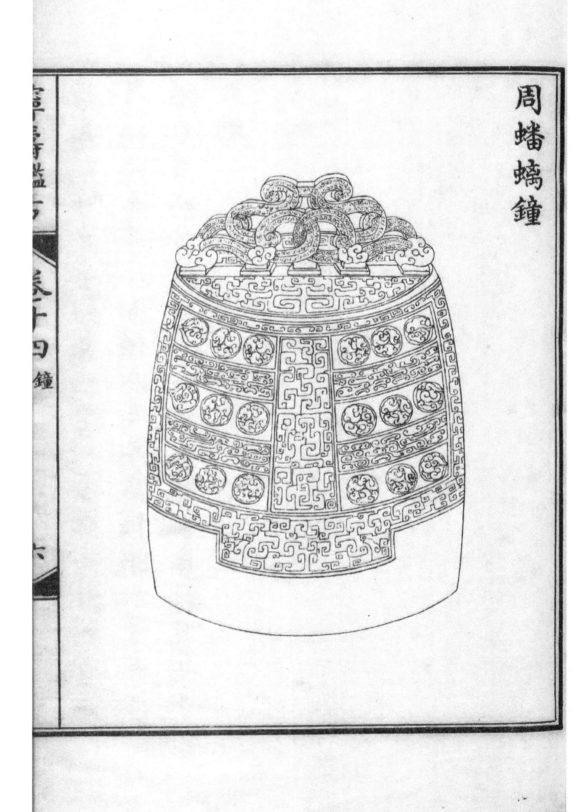

右高九寸九分鈕高二寸八分濶六寸四分兩舞相距七寸一分橫六寸兩銑相距八寸九分橫七寸四分枚三十六各長四分重二百三十六兩

漢蟠夔鐘

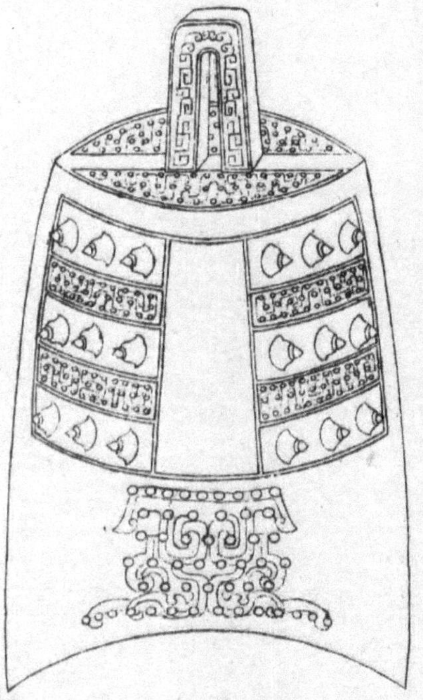

右高五寸八分鈕高一寸七分濶一寸二分兩
舞相距三寸七分兩銑相距四寸三分横三寸
二分枚三十六各長一分有半重五十兩

周乳鐸

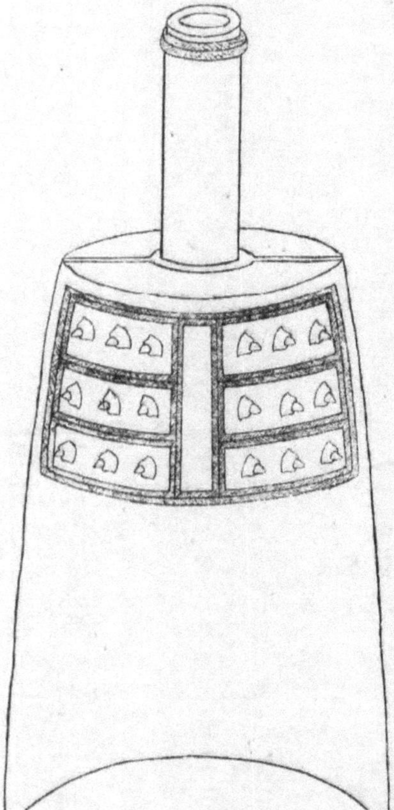

右高六寸一分柄長二寸九分上徑長三寸二分横一寸八分下徑長四寸二分横一寸七分重三十兩

周旂鈴

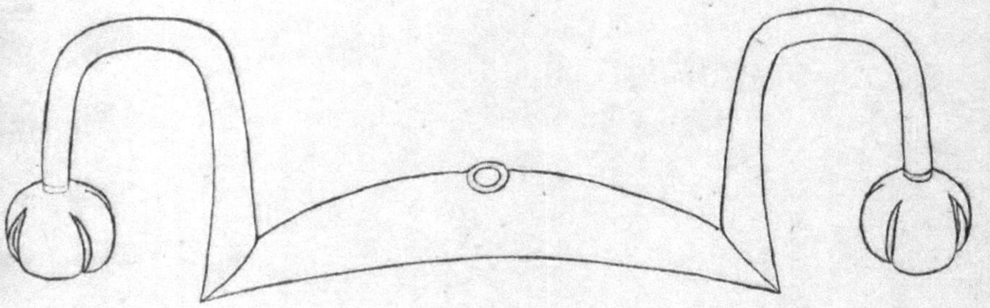

右長一尺一寸四分径一寸三分重二十兩

漢斿鈴

右高四寸九分長六寸徑一寸二分重十八兩

周舞戚

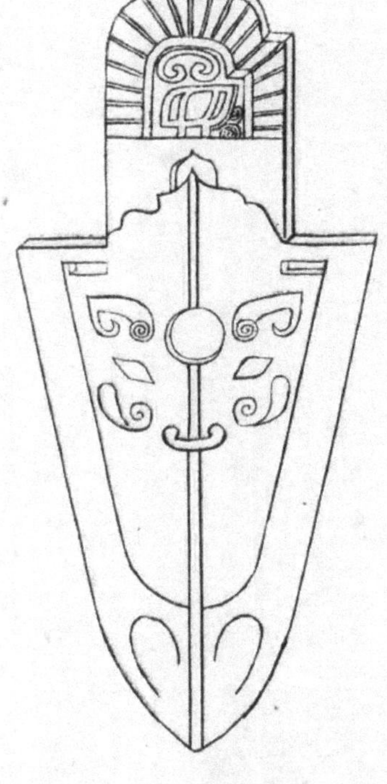

右長七寸三分闊三寸五分重十二兩有半案

戚斧屬舊說以為舞以象武

周舞鐃一

右長六寸一分徑三寸三分柄濶一寸六分重十八兩

周舞鐃二

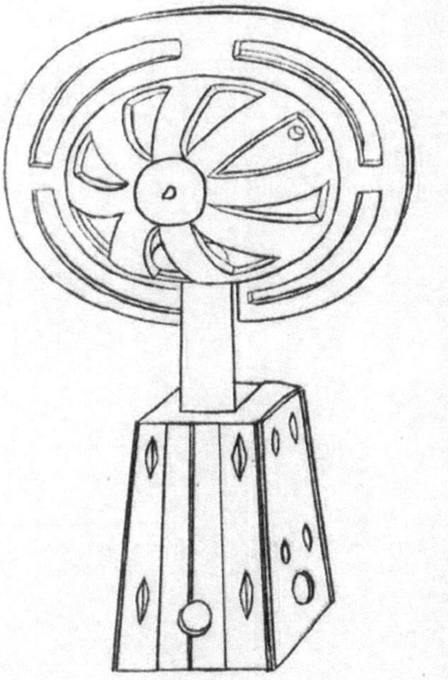

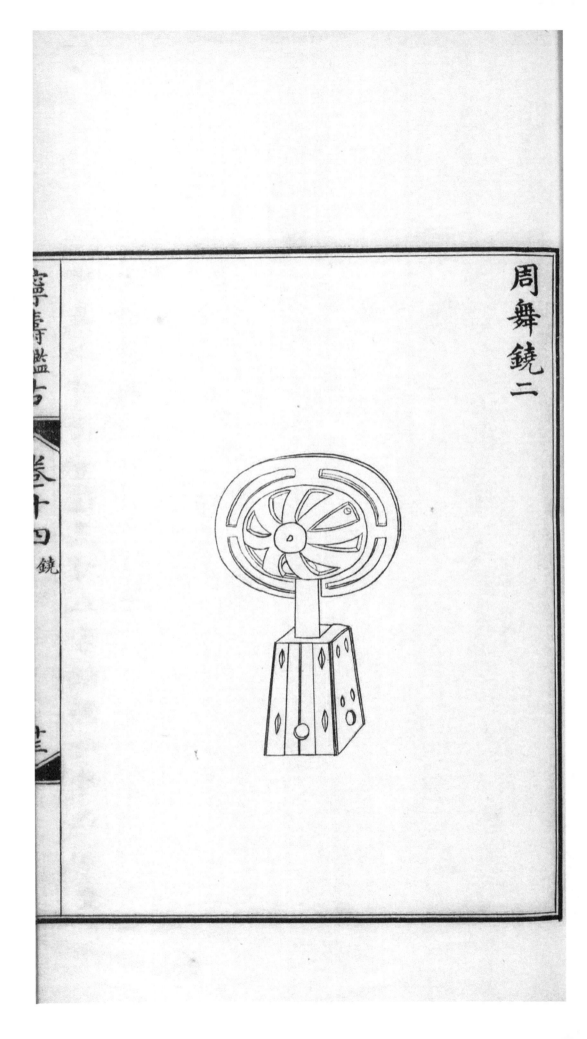

右長六寸七分徑三寸八分柄濶一寸八分重
二十六兩

周琱戈

右通長七寸二分刃廣一寸二分内長二寸四分胡長二寸鈌其末援長四寸八分重十一兩有半案周禮治氏戈廣二寸内倍之胡三之援四之鄭注戈今句孑戟也或謂之雞鳴或謂之擁頸内謂胡以内接柲者也長四寸胡六寸援八寸鄭司農云援直刃也今此器雖有殘蝕而内倍之援四之適與禮經合又可知周尺爲今之六寸俱有明驗也

漢弩機

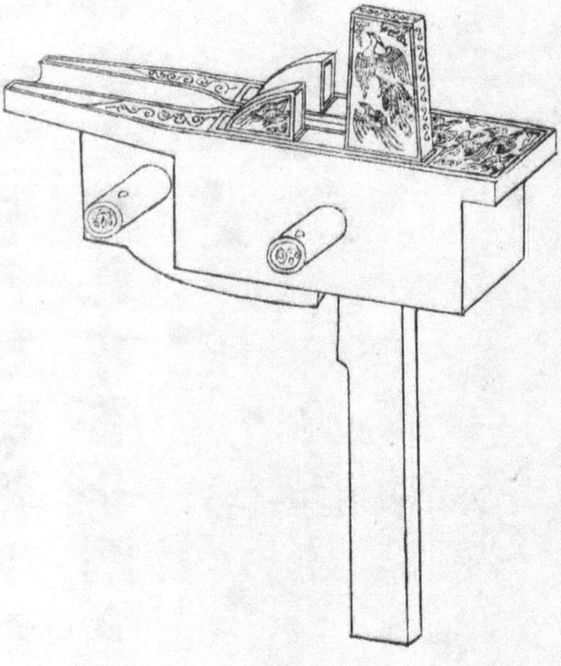

右長三寸五分濶一寸重十六兩有半金錯形製與博古圖所載相類案逸雅弩怒也有怒勢也其柄曰辟鈎弦曰牙牙外曰郭下曰懸刀合名之曰機言如機之巧也亦言如門戶之樞機開闔有節也

漢帳構

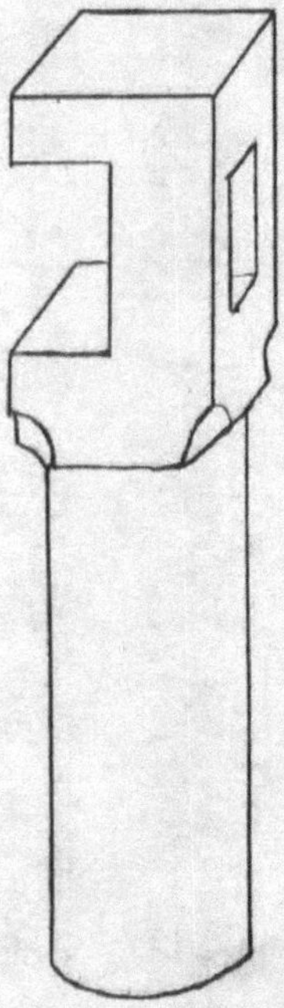

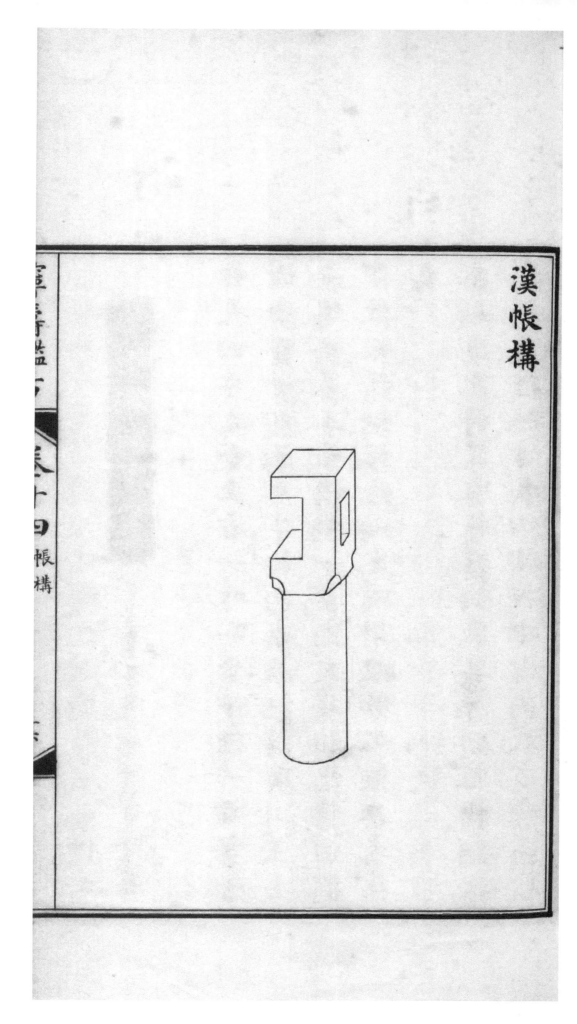

廣六尺 長一丈澤漆高八尺五寸銅斗帳構邊長構

右長四寸九分上方一寸一分下徑一寸穿方六分重十四兩有半按西京雜記漢廣川王去疾得周哀王帳構銅一具南史崔祖思傳曰劉備收帳構銅鑄錢以充國用此物之製其來舊矣

本朝鷹鸇詩集有帳構銅歌其序曰帳構銅狀圜如簡徑一寸長四寸許中空而底方旁出岐

枝有孔上有字云景初元年五月十日中尚方
造長一丈廣六尺澤漆平坐帳上廣構銅重二
斤十兩凡三十二字八分書此銘詞緐簡不同
而無年月可考不知為何時物也

漢鳩首杖頭

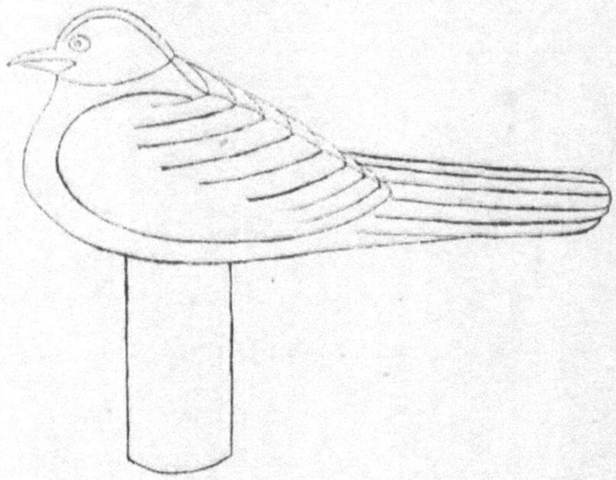

右高二寸四分重五兩有半

漢仗鐓一

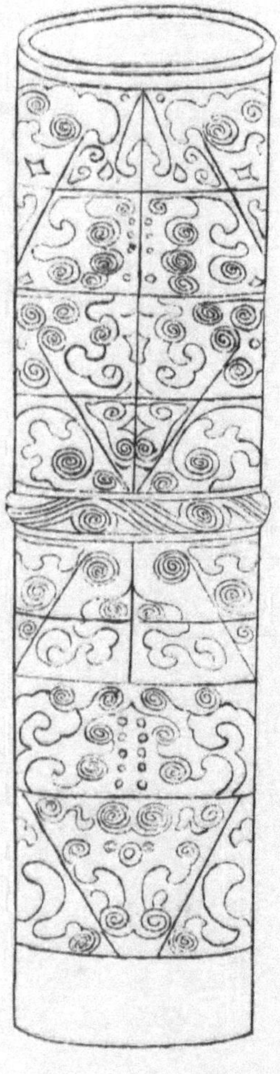

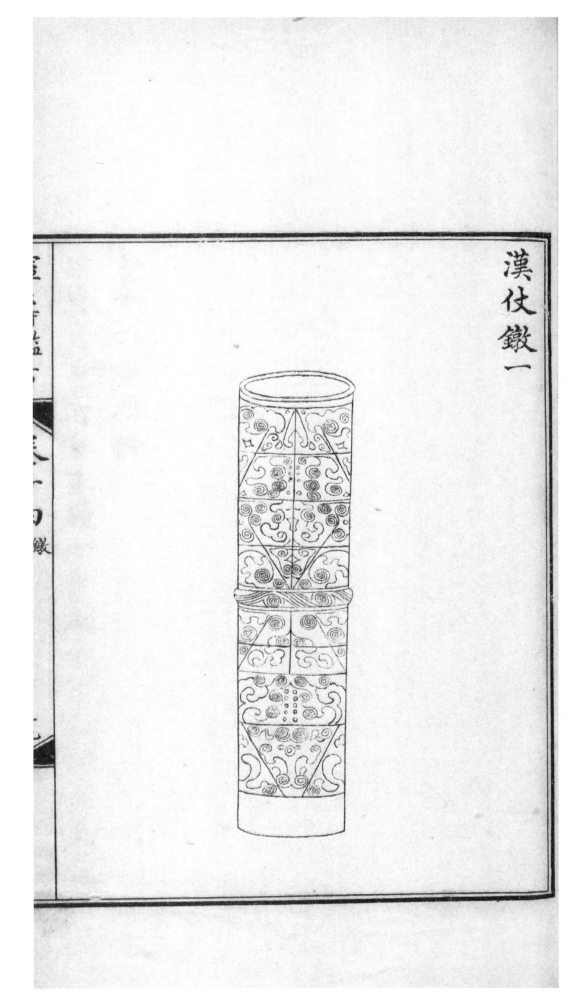

右長六寸一分上徑一寸五分下徑一寸七分
重十六兩銀錯

漢仗鐓二

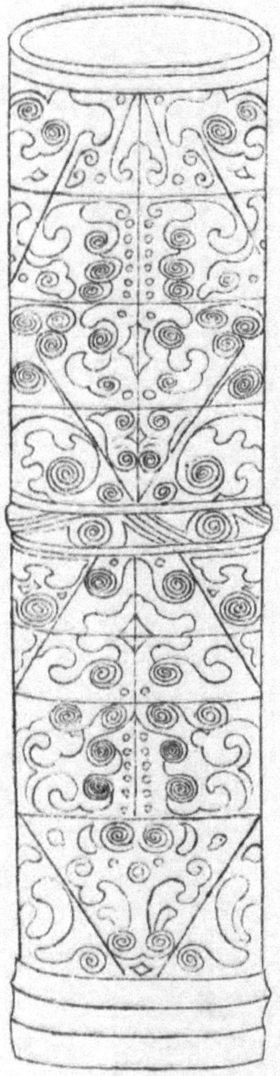

右長六寸二分上徑一寸五分下徑如之重十五兩銀錯

漢仗鐓三

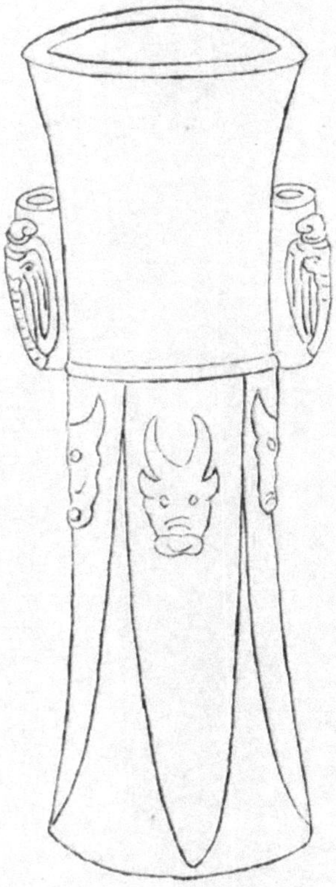

右長五寸九分上徑六分下徑如之重二十兩

漢夔紋鐓一

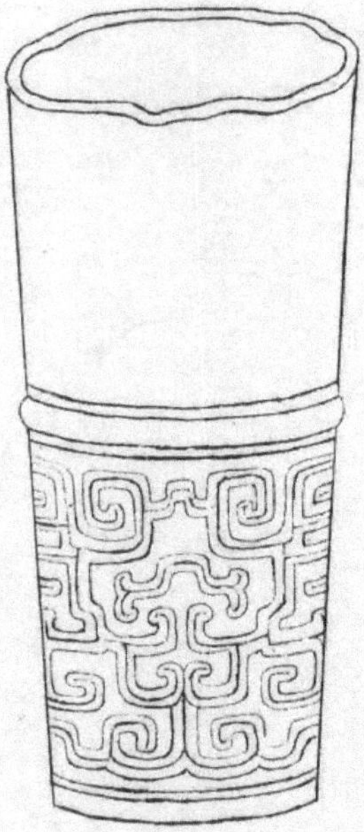

右長三寸八分上徑一寸六分下徑一寸四分

重十一兩

漢夔紋鐓二

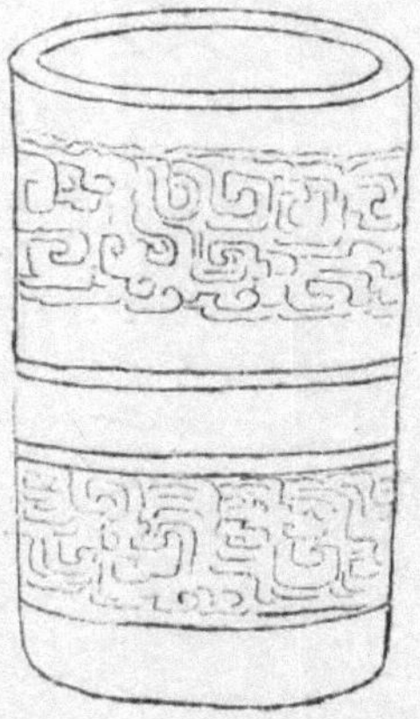

右長二寸二分上徑一寸四分下徑一寸二分

重七兩

漢素鐓

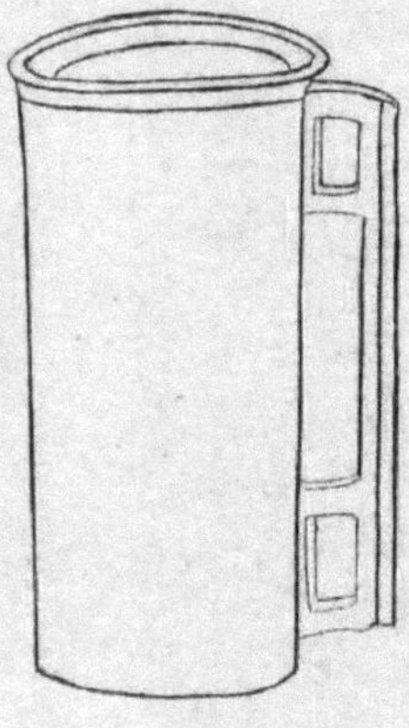

右長二寸四分上濶一寸一分下濶九分重三

兩有半

漢鳩車

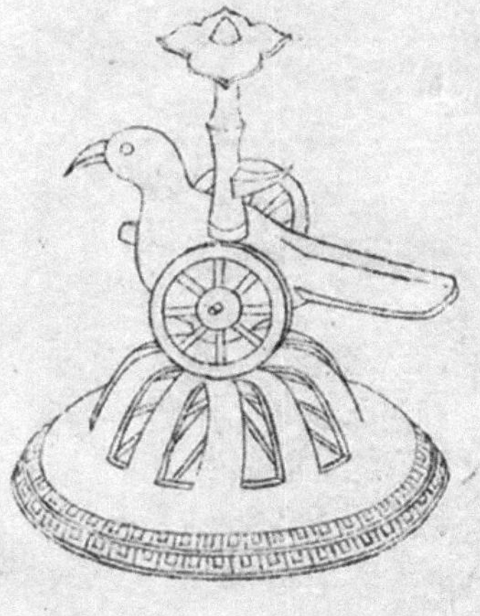

右高二寸四分長二寸濶九分下徑二寸輪徑
七分重五兩

漢雙螭表座一

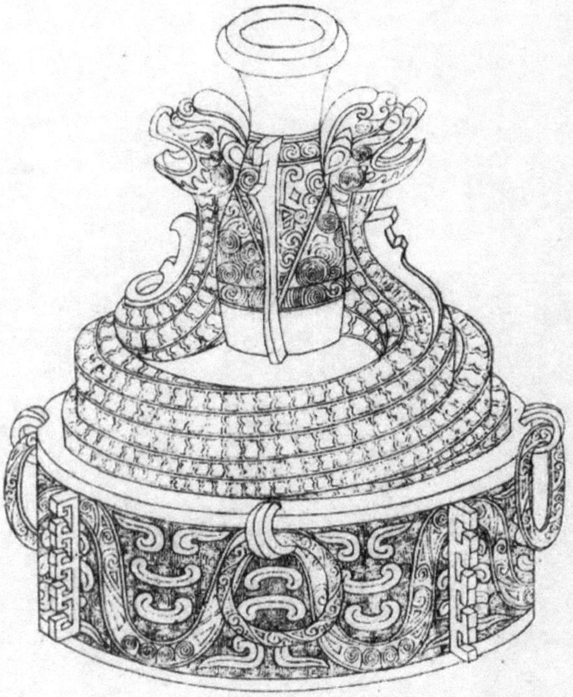

右高九寸六分深九寸四分上筩径一寸六分
下径八寸五分重二百四十八兩金銀錯

漢雙螭表座二

右高七寸六分深七寸五分上箭径一寸七分
下径七寸七分重一百五十二兩

漢雙螭表座三

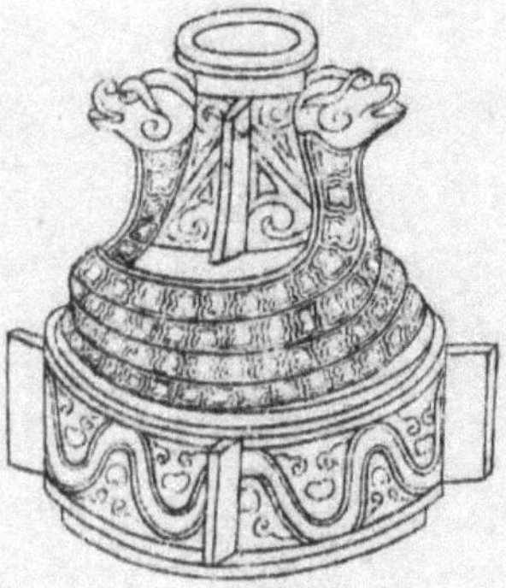

右高二寸二分深二寸一分上筩径六分下徑一寸五分重八兩有半金銀錯

漢蒼兕表座

右高四寸三分深二寸八分通長八寸八分闊三寸二分口長一寸一分闊四分後口徑七分重一百四十四兩金銀錯

唐雙螭表座

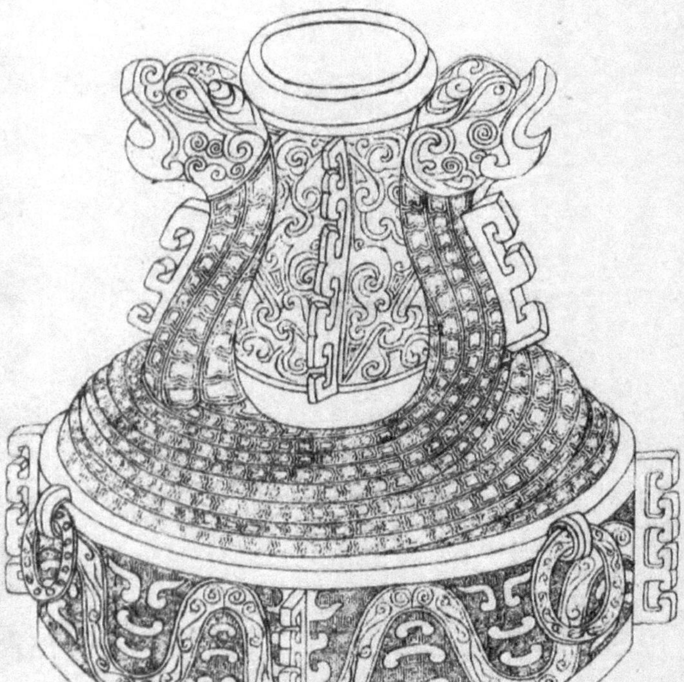

右高一尺一寸六分深一尺一寸三分上當徑三寸下徑一尺一寸重四百八十兩金銀錯

唐雙羊表座

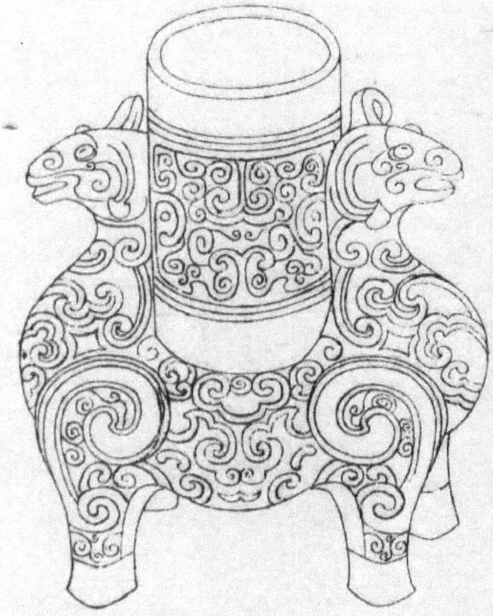

右高四寸三分深三寸五分通長四寸濶二寸
口徑一寸六分重三十兩銀錯

周蟠虺登足

右高五寸九分上徑五寸八分下徑二寸輪徑
七分重五十兩

漢天雞硯滴

右高二寸八分深一寸七分口徑九分重八兩有半

漢瑞獸硯滴

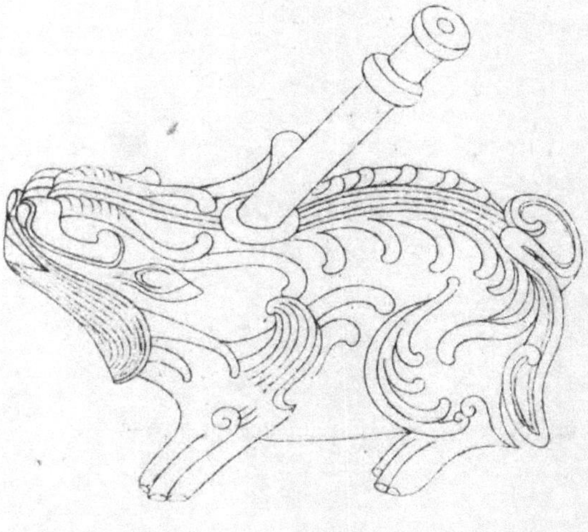

右高二寸一分深一寸二分口徑四分重十四
兩塗金

唐角端硯滴

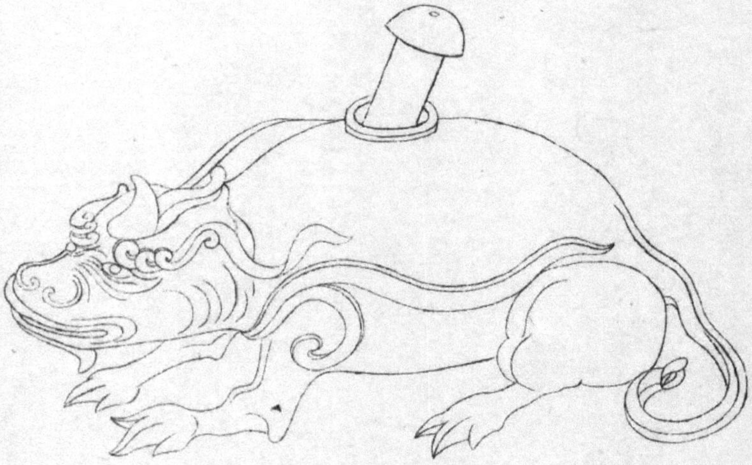

右高二寸六分深二寸口徑六分重二十兩

漢天馬書鎮

右高一寸八分長二寸九分濶一寸六分重十
七兩金銀錯

唐雙熊書鎮

右高一寸二分重十六兩塗金

唐立鷹書鎮

右高三寸一分重十六兩鎏金

漢博山鑪一

右通蓋高五寸六分深一寸七分口徑二寸二分腹圍九寸重三十五兩

漢博山鑪二

右通蓋高七寸一分深一寸八分口徑二寸七
分腹圍一尺一寸一分重七十兩

漢博山鑪三

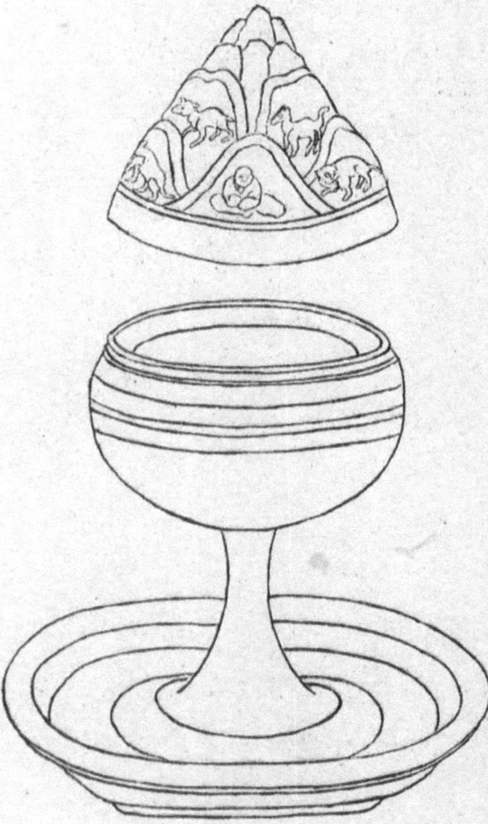

右通蓋高五寸六分深一寸六分口徑二寸四
分腹圍九寸一分重三十一兩

漢博山鑪四

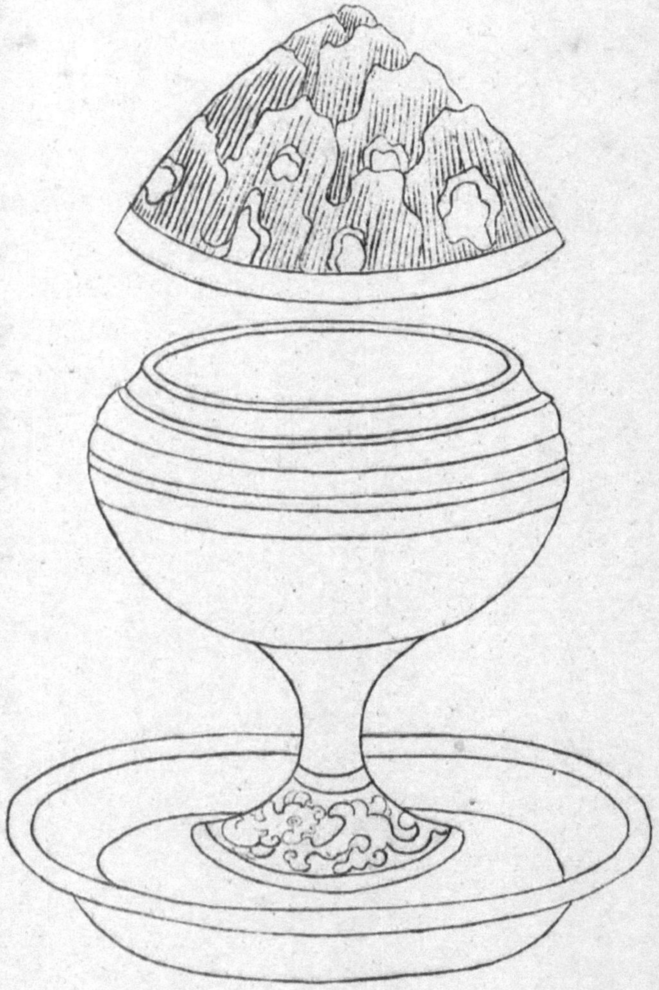

右通蓋高六寸二分深二寸五分口徑三寸二
分腹圍一尺二寸四分重四十九兩

漢博山鑪五

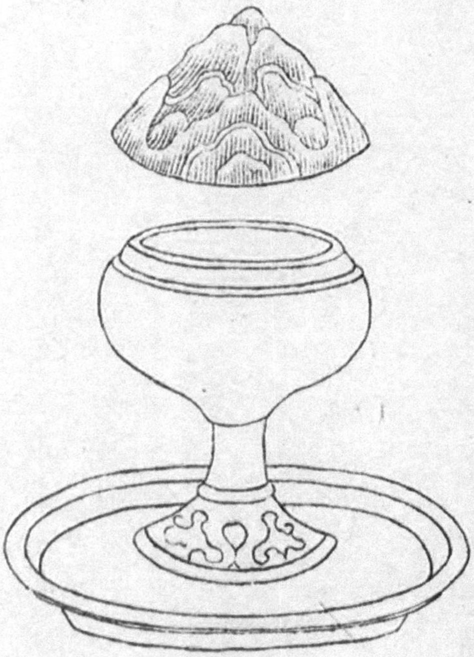

右通蓋高三寸三分深一寸一分口徑一寸六分腹圍六寸重六兩

漢博山鑪六

右通蓋高六寸三分深三寸口徑四寸八分腹
圍一尺六寸五分重八十兩塗金

漢角端鑪

右通蓋高四寸五分深一寸九分口徑一寸九分腹圍一尺重二十兩

漢獸鐙

右高七寸腹圍一尺六寸二分重一百六兩金
銀錯

漢雙耳鑪

右通蓋高二寸八分深一寸八分口徑二寸一分腹圍八寸八分重二十兩

漢熏鑪一

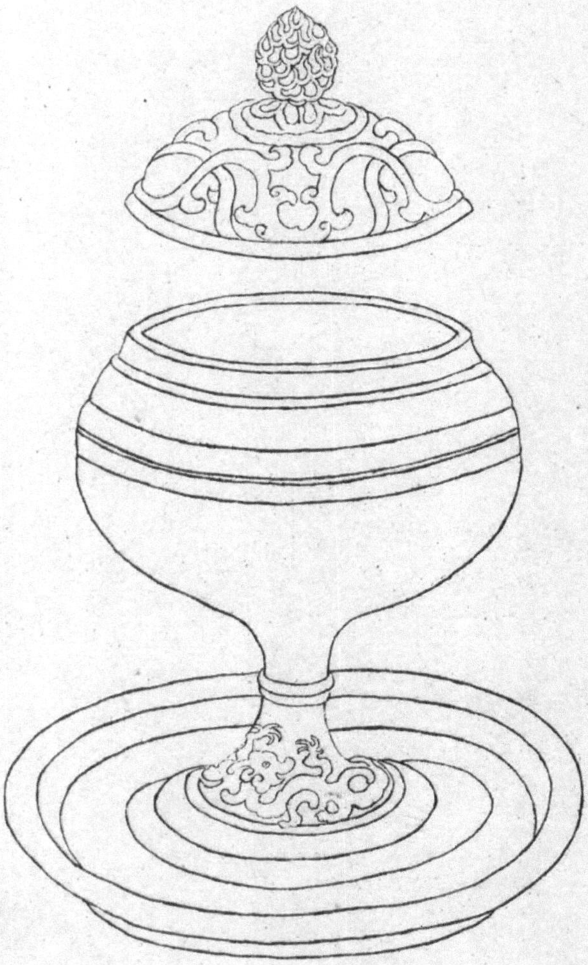

右通蓋高六寸三分深二寸四分口徑三寸三分腹圍一尺三寸重三十七兩

漢熏鑪二

右通盖高五寸一分深二寸六分口徑三寸二分腹圍一尺二寸七分重三十九兩

漢熏鑪三

右高二寸二分深一寸六分口徑三寸四分腹圍一寸二分重二十二兩有柄

漢夔鳳提鑪

右通蓋高四寸五分深二寸五分口徑二寸六
分腹圍一尺二寸二分重三十三兩金銀錯

唐蟠虬鑪

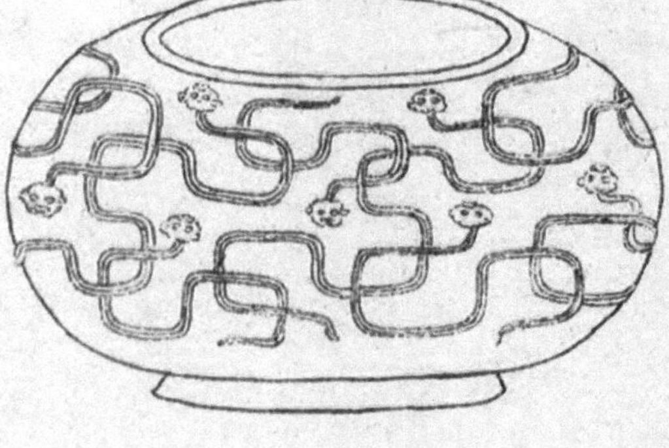

右高一寸九分深一寸七分口徑二寸腹圍一尺三分重十四兩金銀錯

唐熏鑪一

右通蓋高二寸九分深一寸口徑三寸三分腹
圍一尺一寸重二十四兩

唐熏鑪二

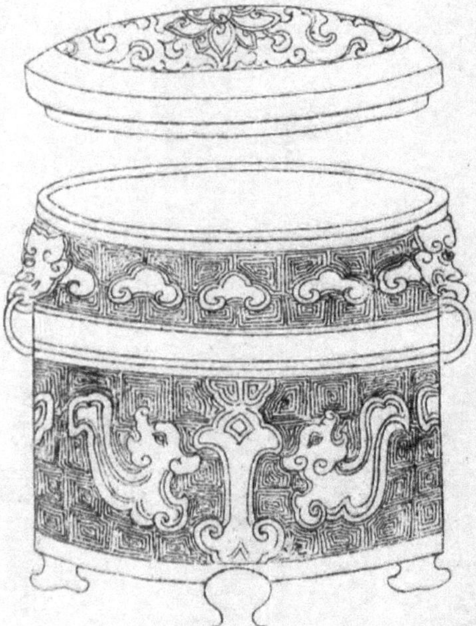

右通蓋高三寸深一寸九分口徑二寸五分腹

圍六寸八分重十三兩塗金

唐寶鴨熏鑪

右高二寸七分深一寸二分口徑一寸通長三寸四分闊二寸重二十兩

唐提鐎

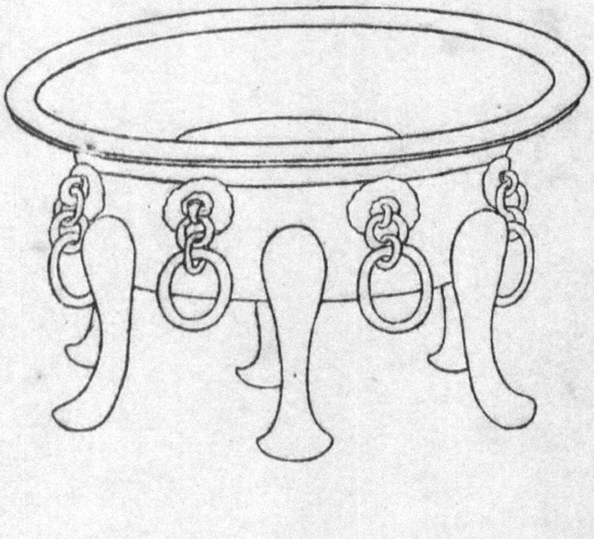

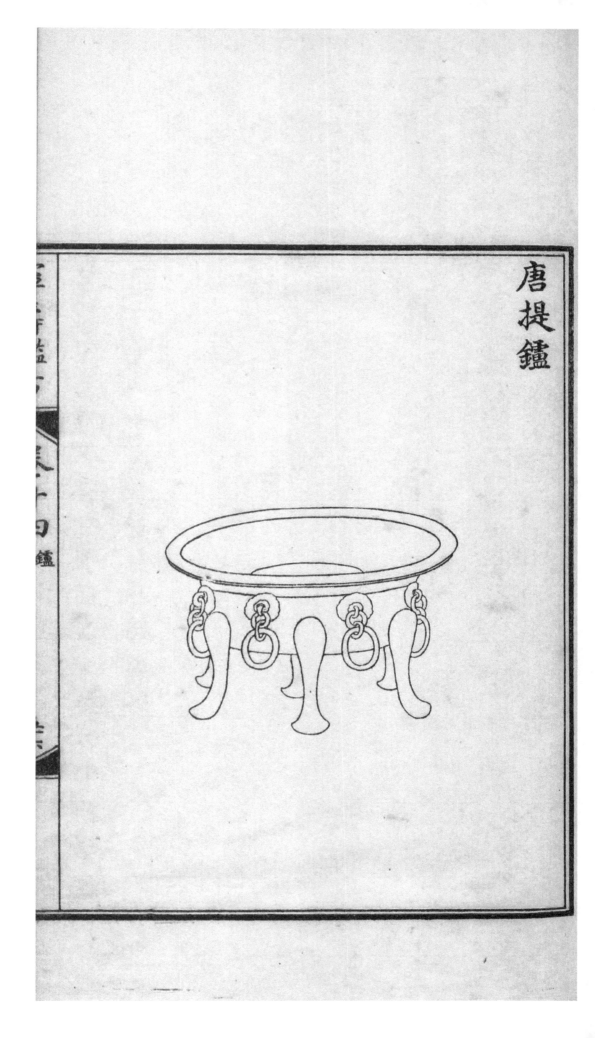

右高二寸四分深一寸二分口徑四寸二分腹
圍一尺一寸五分重十六兩塗金

寧壽鑑古卷十五目録

鑑一

漢

明光鑑一 有銘

明光鑑二 有銘

清白鑑一 有銘

清白鑑二 有銘

清白鑑三 有銘

清白鑑四 有銘

清白鑑五 有銘

千秋鑑一 有銘

千秋鑑二 有銘

千秋鑑三 有銘

四靈三瑞鑑二
四靈三瑞鑑三
四神鑑一
四神鑑二
四神鑑三
神人鑑
卍字鑑
十二辰鑑一
十二辰鑑二
十二辰鑑三

鷙獸鑑

漢尚方鑑一

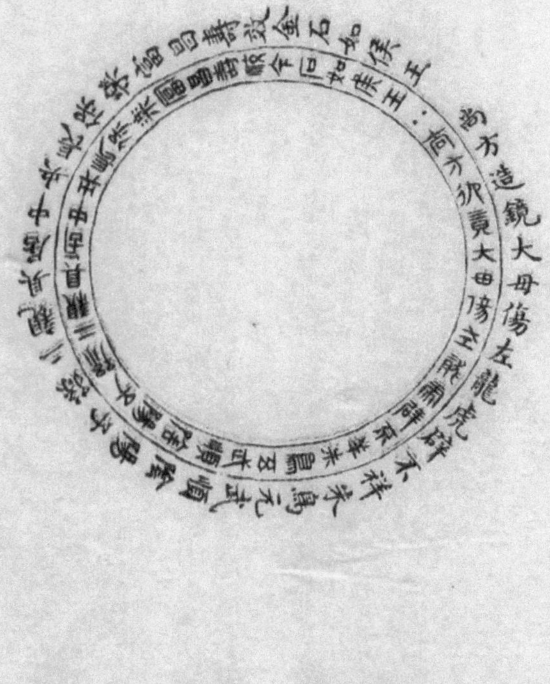
尚方造鏡大毋傷左龍虎辟不祥朱鳥玄武順陰陽子孫

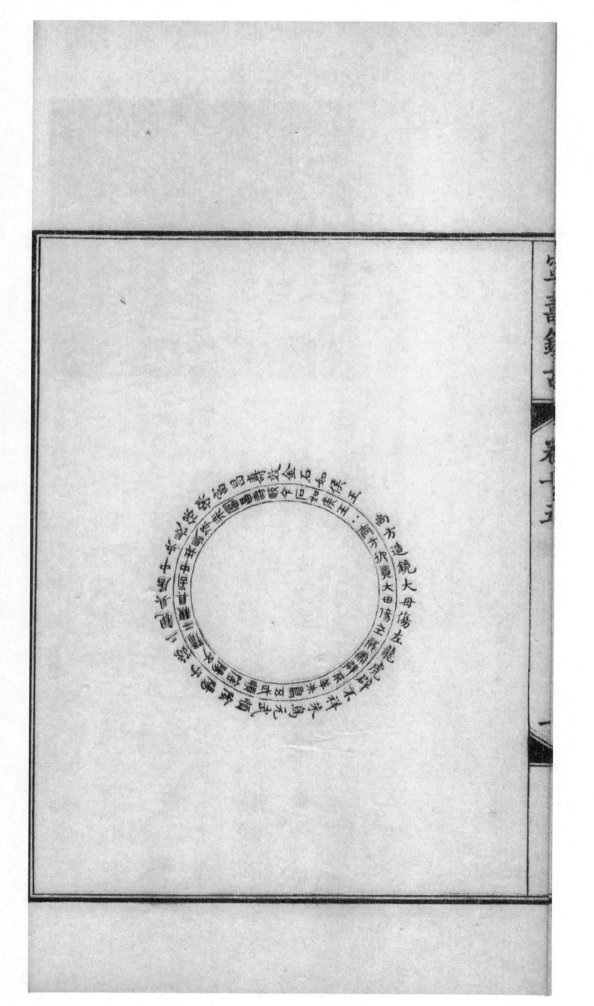

徑四寸四分重十二兩有半背作八乳具龍鸞形流雲邊素鼻銘四十字案西溪叢語李晦之鏡銘詞與此相同少壽效金石如侯王一句博古圖尚方第一鏡文詞亦小異通典秦置尚方令漢因之攷漢書注曰尚方主作禁器物此其是也銘曰辟不羊許慎說文羊祥也漢元嘉刀銘宜侯王大吉羊洪适隸釋曰漢代器物多以羊為祥

漢尚方鑑二

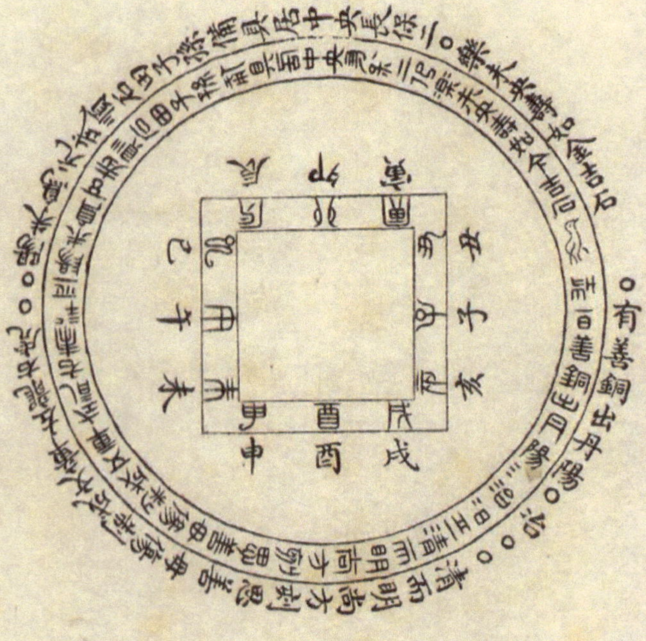

有善銅出丹陽
清而明
子
丑
寅
卯
辰
乙
午
未
申
酉
戌
亥

徑七寸一分重三十兩背作十二乳間列地支十二字外輪八乳具龍鸞形流雲邊素鼻銘五十八字曰有善銅出丹陽者案漢書地理志丹陽郡有銅官食貨志古者金有三等赤金為下孟康注曰赤金丹陽銅也神異記丹陽銅似金可鍛以作器淮南子曰餌丹陽之僞金即此也其餘銘詞與前鑑相類

漢尚方鑑三

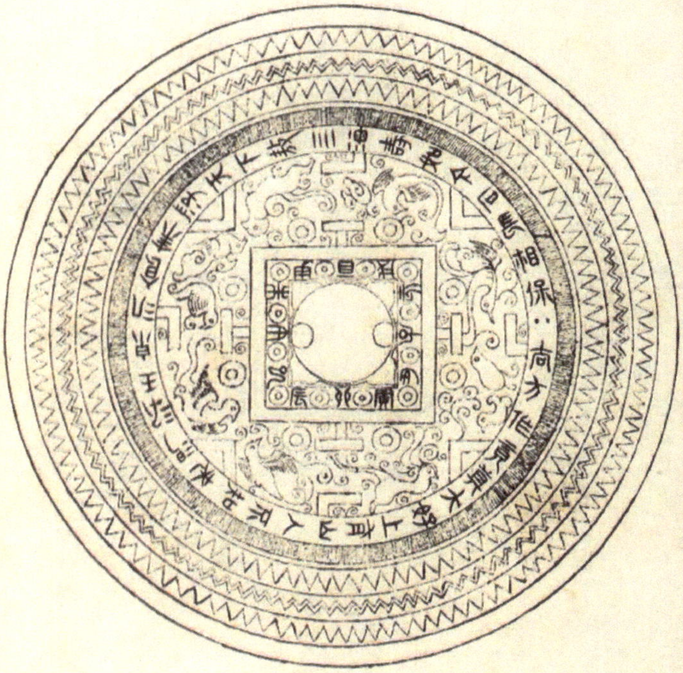

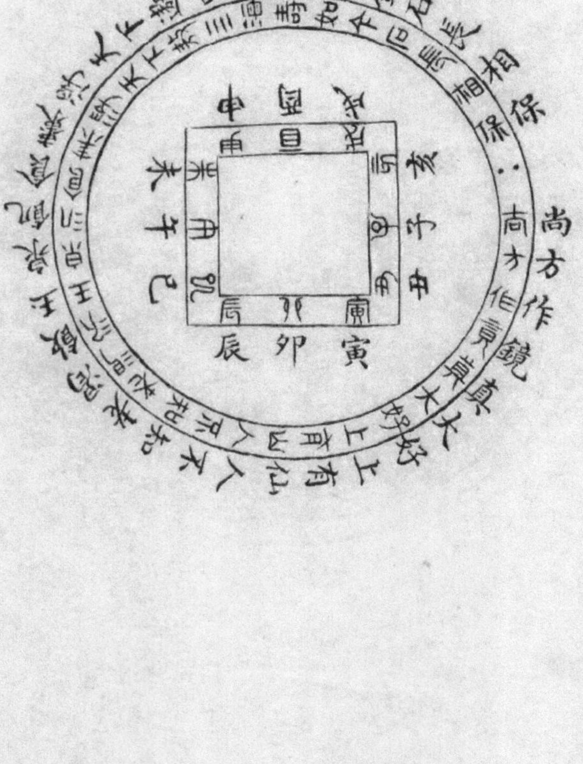
尚方作鏡真大好上有仙人不知老渴飲玉泉飢食棗浮游天下
子丑寅卯辰巳午未申酉戌亥

徑五寸七分重十九兩背作十二乳間列地支
十二字外輪八乳具龍鸞形流雲邊素鼻銘三
十四字與西清古鑑所載之尚方鑑銘詞同

漢尚方鑑四

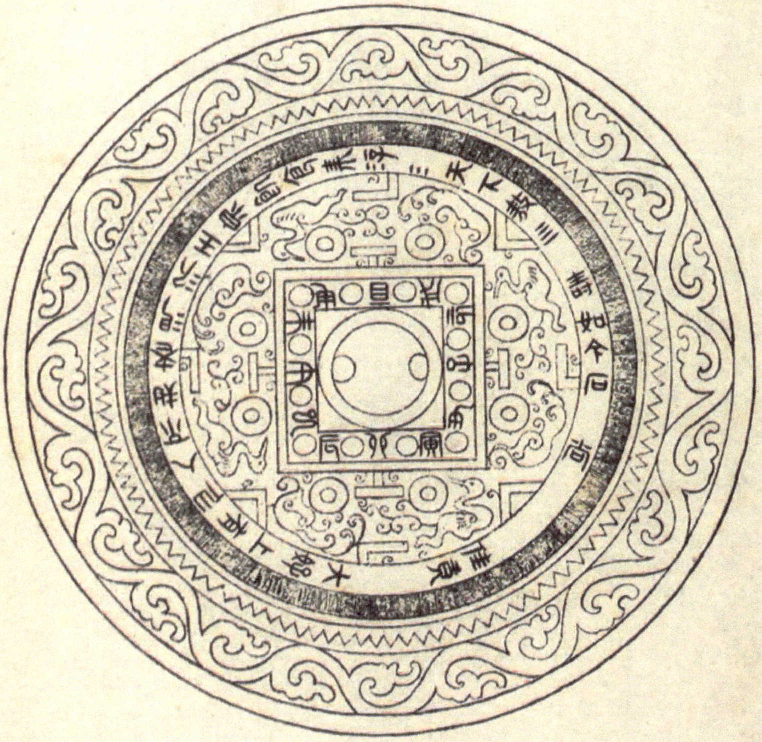

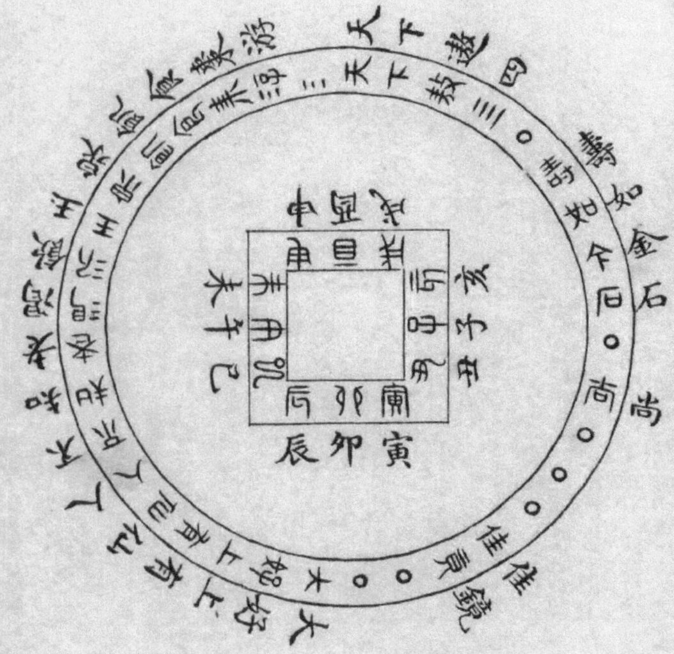
尚佳鏡大好上有仙人不知老渴飲玉泉飢食棗游天下遨四壽如金石
亥子丑
寅卯辰
巳午未
申酉戌

徑五寸七分重二十一兩背作十二乳間列地支十二字外輪八乳具鳥獸形山紋邊素鼻銘三十五字

漢尚方鑑五

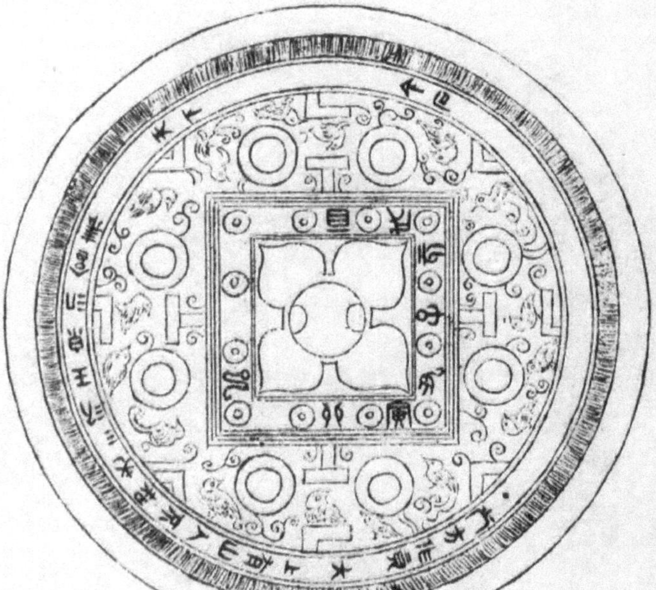

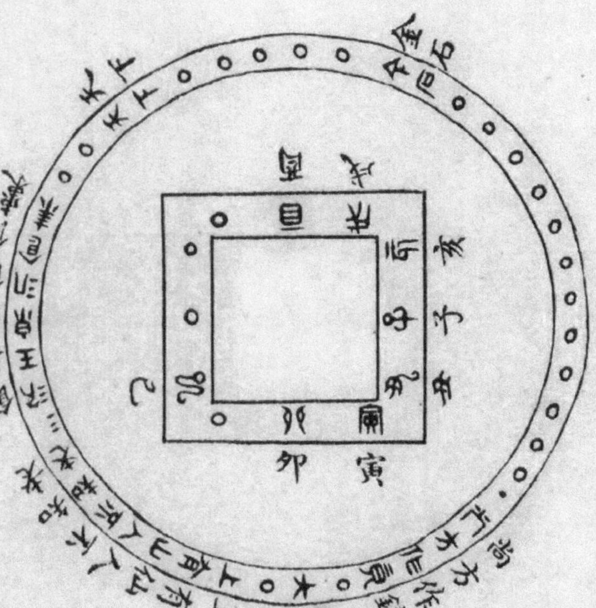
尚方作鏡大
上有仙人不知老
飲玉泉飢食棗
天下
金石
子 丑 寅 卯 辰 巳 午 未 申 酉 戌 亥

徑五寸四分重十八兩有半背作十二乳間列地支十二字外輪八乳具鸞獸形素邊素鼻銘四十四字漫漶不可辨者居其半

漢尚方鑑六

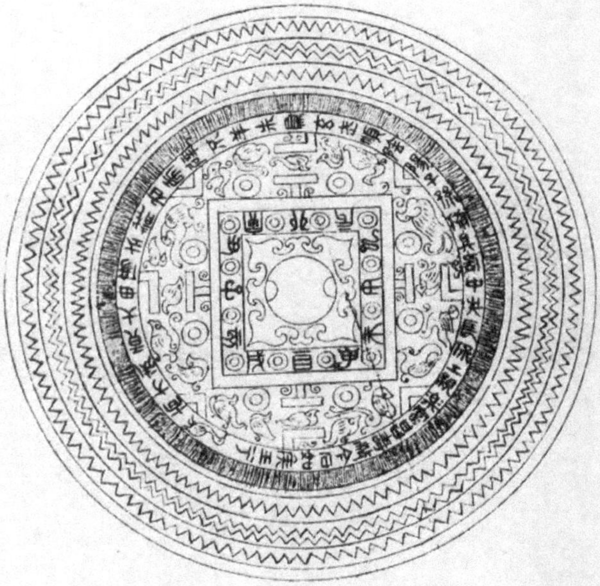

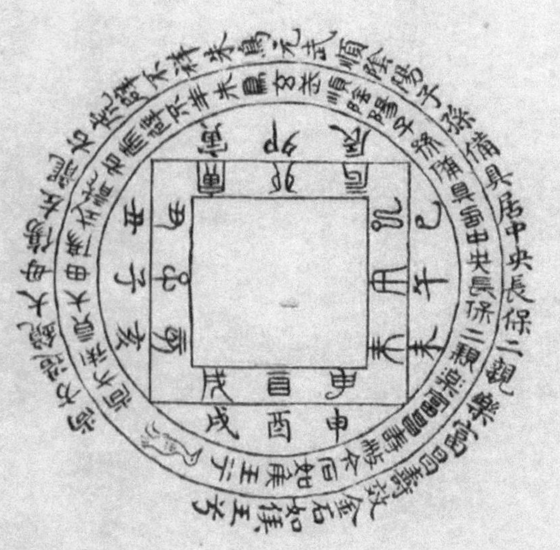
子 丑 寅 卯 辰 巳 午 未 申 酉 戌 亥

徑五寸重十五兩背作十二乳間列地支十二字外輪八乳具鳥獸形山紋邊素鼻銘四十三字與博古圖所載尚方鑑銘相同惟辟不祥三字博古圖作掌四旁壽效金石四字亦無之

漢尚方鑑七

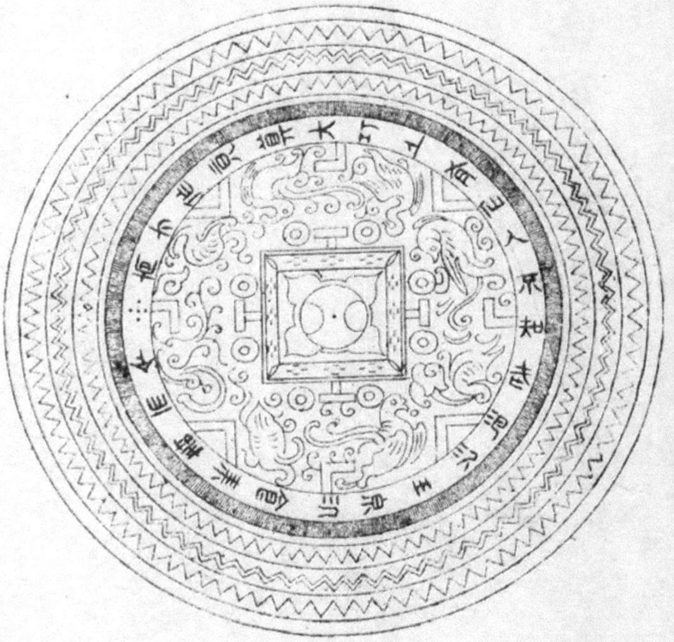

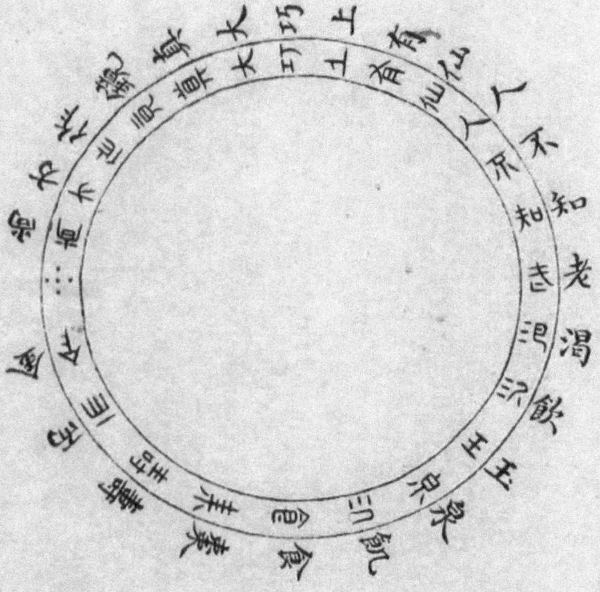
大巧上有仙人不知老渴飲玉泉飢食棗

徑四寸八分重十兩有半背作八乳具鳥獸形山紋邊素鼻銘二十四字與博古圖所載尚方第二鑑及仙人不老鑑文詞稍異案楊慎丹鉛録所載鑑銘曰尚方作鏡真大巧上有仙人不知老渴飲玉泉飢食棗壽如金石佳且好較此銘多四字

漢明光鑑一

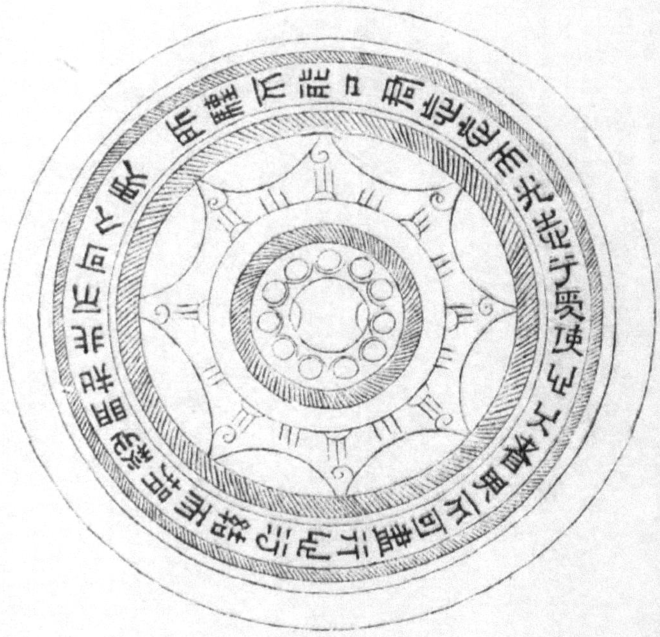

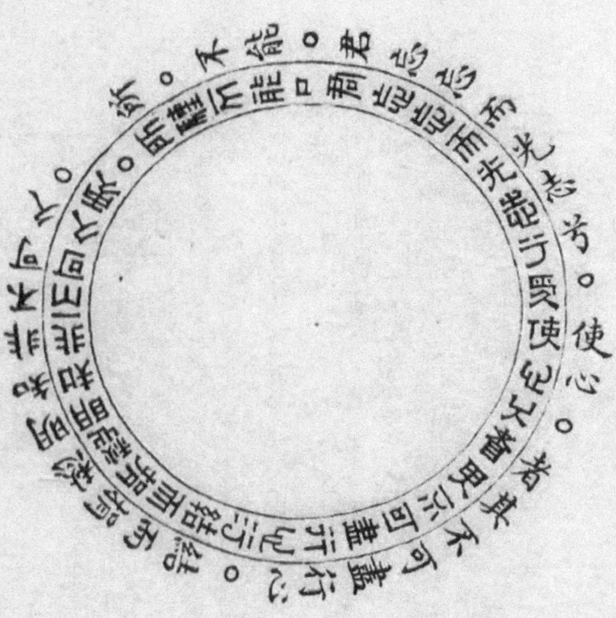
君忽忽而失志兮。使心臾者其不可盡行心。
明知非不可久。
不能。

徑五寸八分重二十一兩有半背作菱花形中
列十二乳素邊素鼻銘三十六字文不可盡識
其義亦多難曉

漢明光鑑二

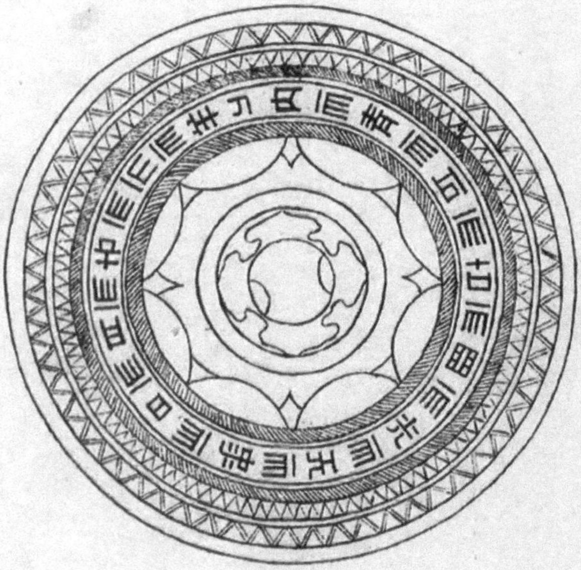

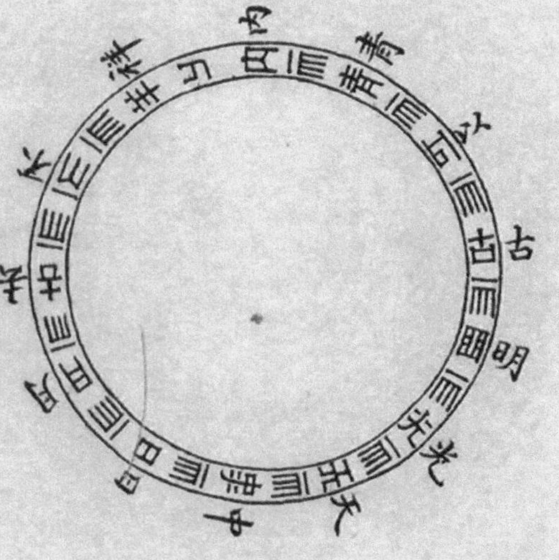

徑四寸四分重十三兩背作菱花形素邊素㚖
銘二十六字每字之下亦各間一篆紋如天字
狀與前漢千秋鑑同

漢清白鑑一

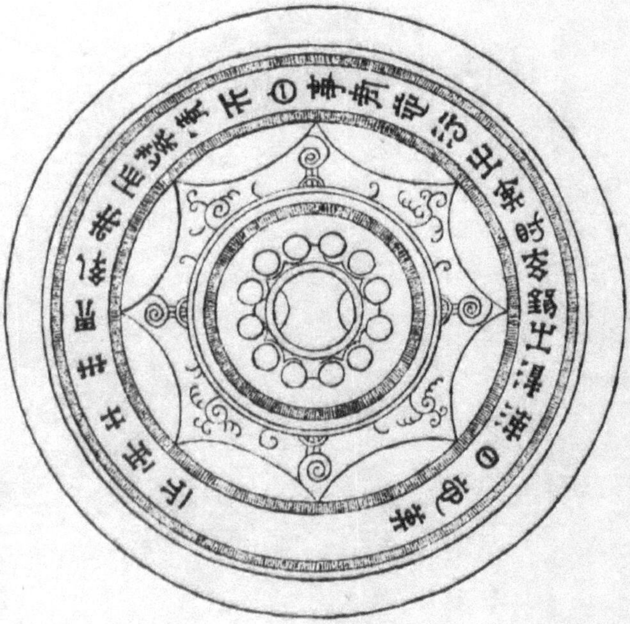

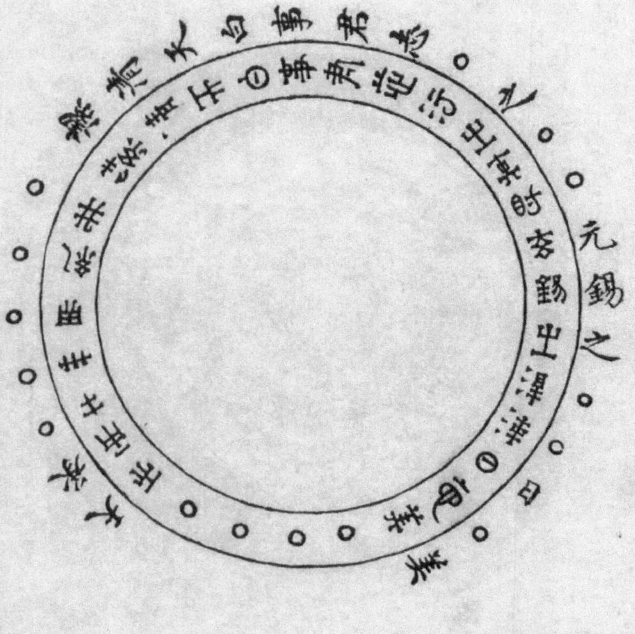

徑四寸五分重八兩有半背作菱花中列十二乳素邊素鼻銘三十字與博古圖所載清白鏡有數字小異且多漫漶不可辯案淮南子曰明鏡之始型朦然及粉之以元錫劘之以白旃則鬢眉髩毛可得而察銘內元錫字蓋本此

漢清白鑑二

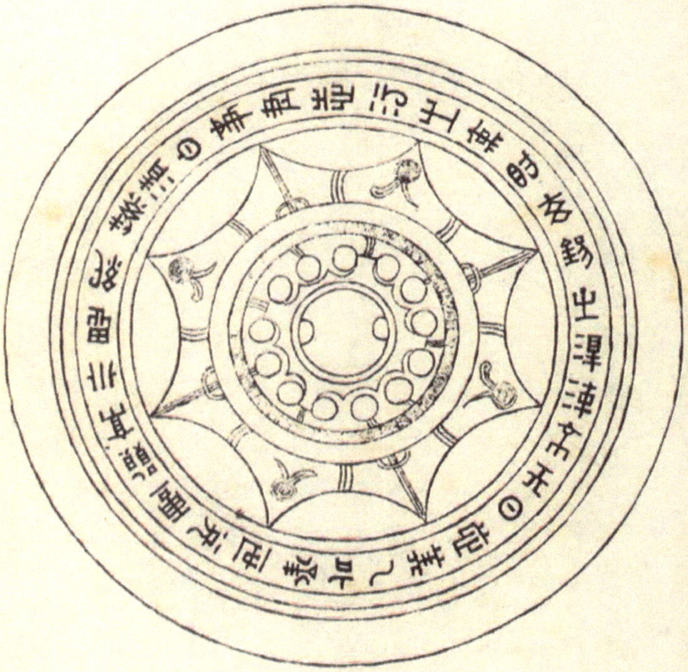

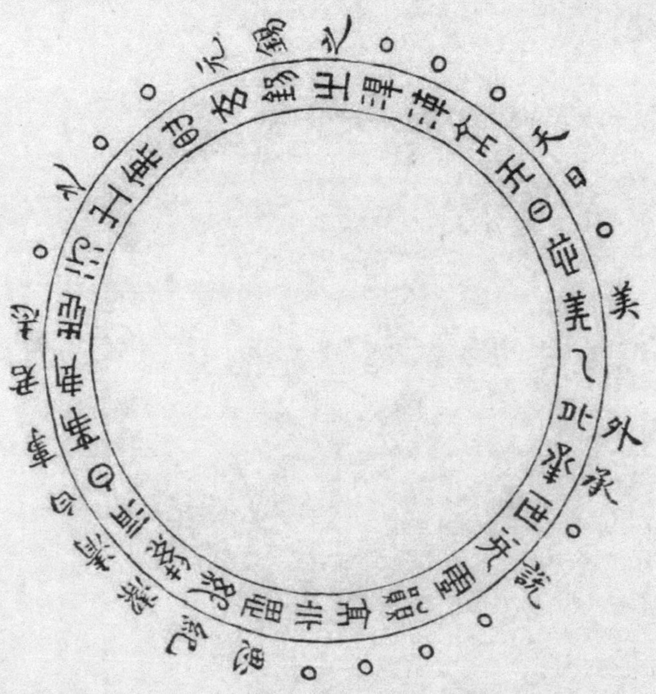

徑五寸六分重十九兩背作菱花中列十二乳
素邊素鼻銘三十字與前鑑相同

漢清白鑑三

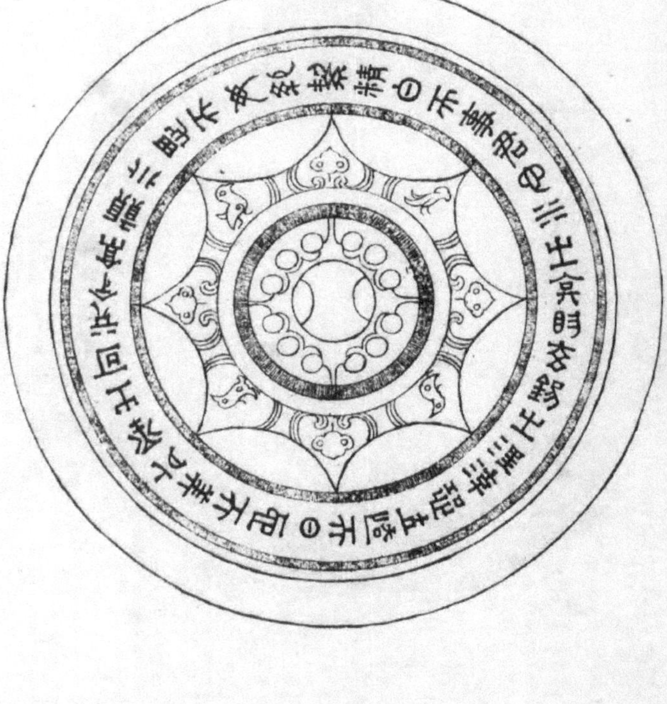

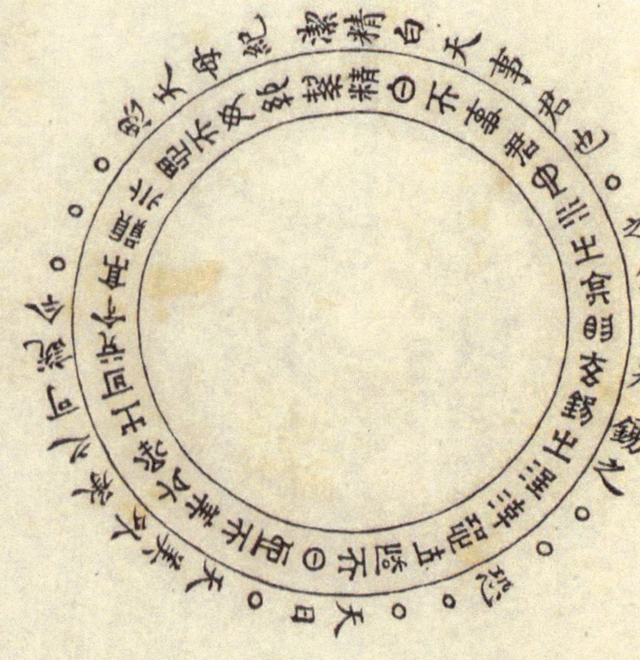

徑四寸八分重十一兩有半背作菱花中列十
二乳素邊素鼻銘三十七字

寧壽鑑古 卷十五

漢清白鑑四

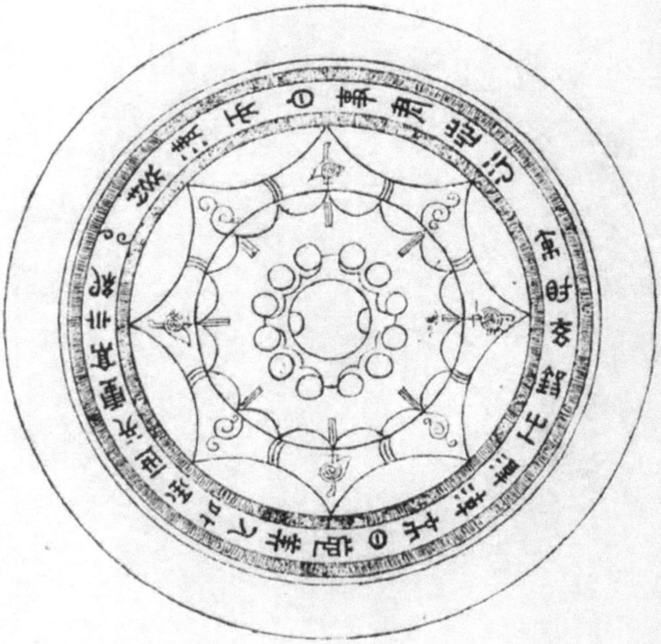

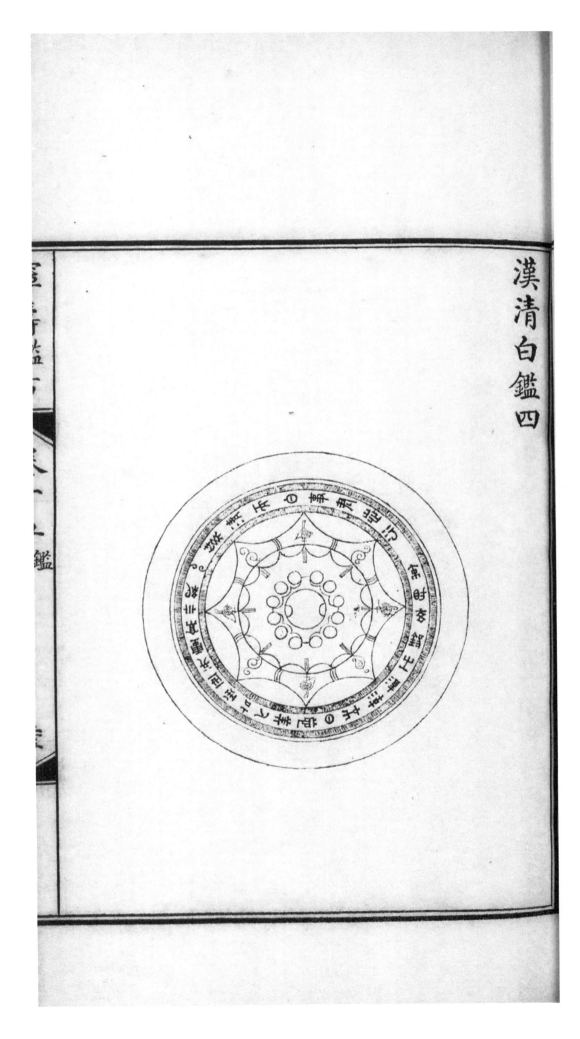

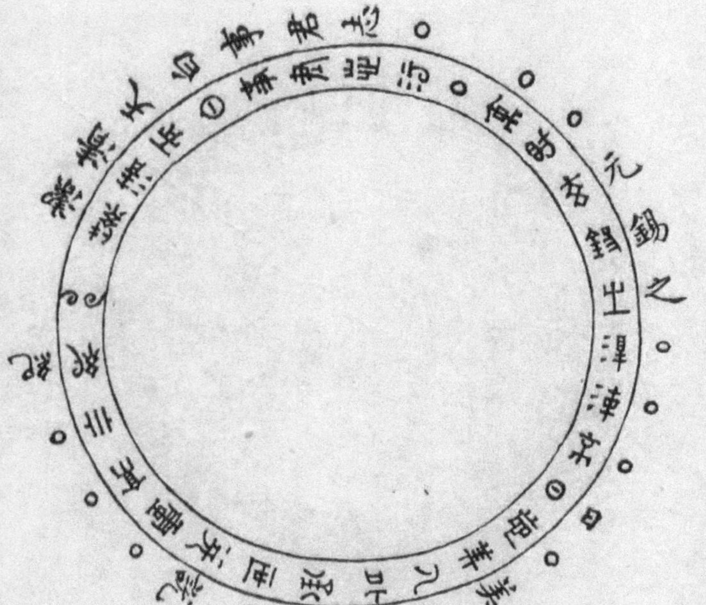

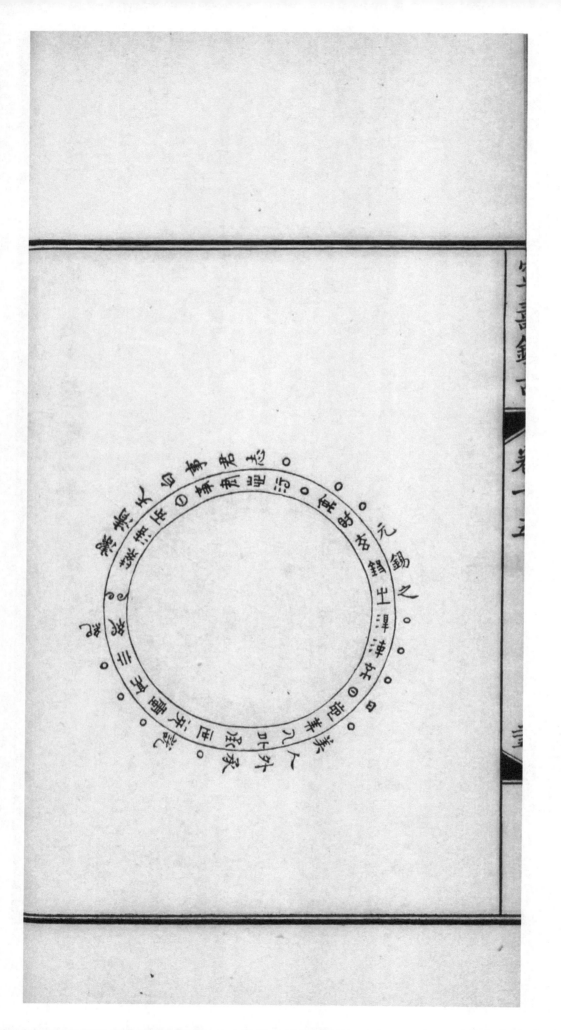

徑四寸七分重十三兩背作菱花中列十二乳
素邊素鼻銘二十九字

漢清白鑑五

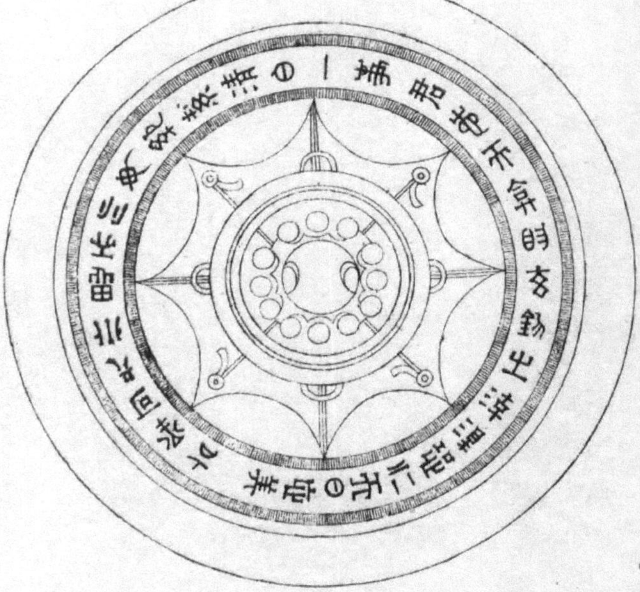

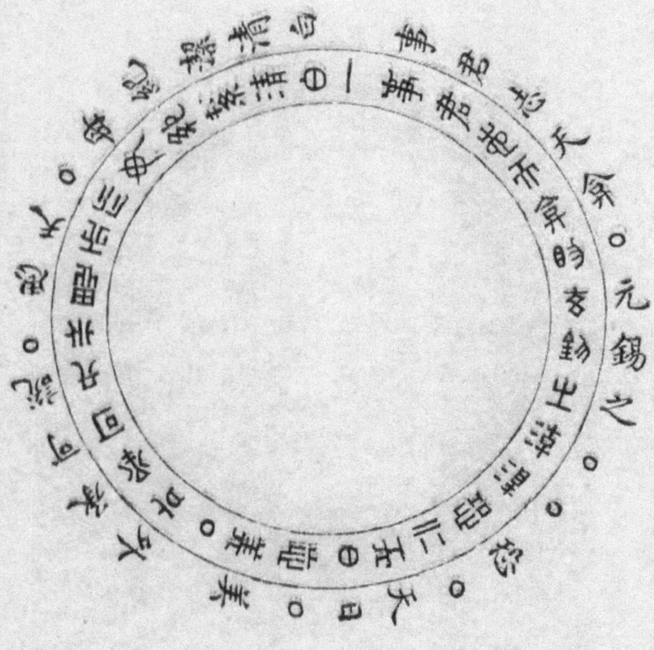
元錫之

徑四寸七分重十二兩有半背作菱花中列十二乳素邊素鼻銘三十二字

漢千秋鑑一

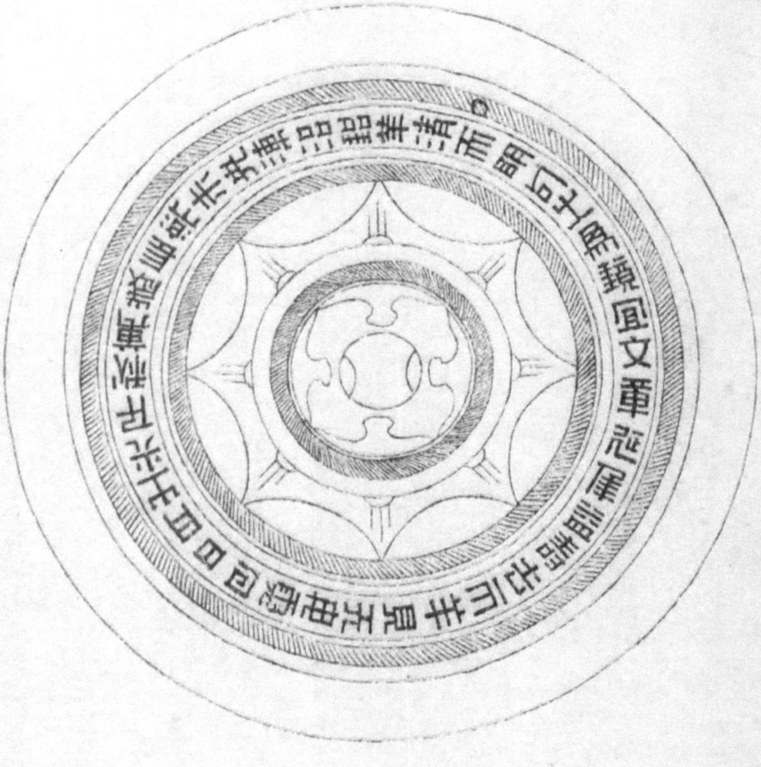

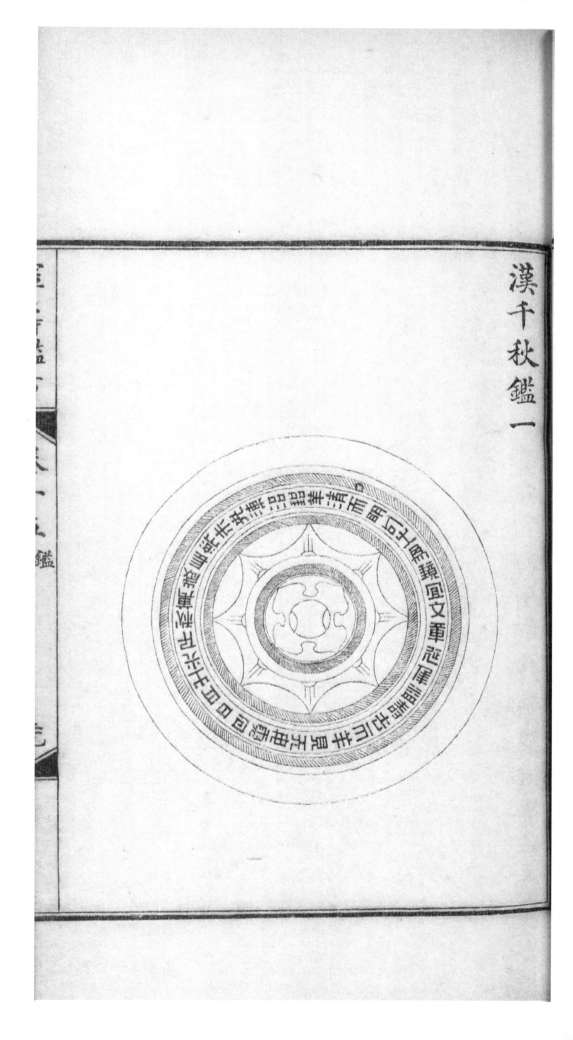

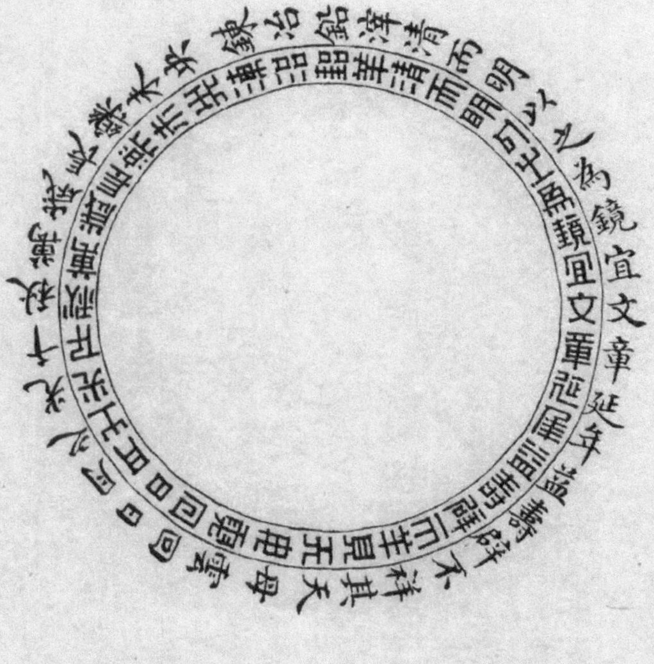

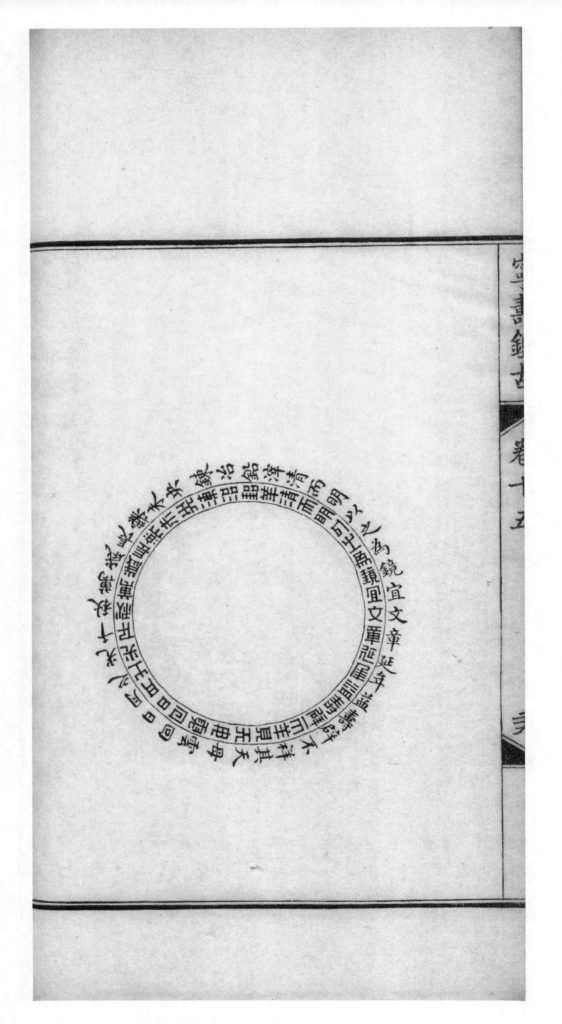

徑六寸五分重二十六兩背作菱花形素邊素
鼻銘三十八字

漢千秋鑑二

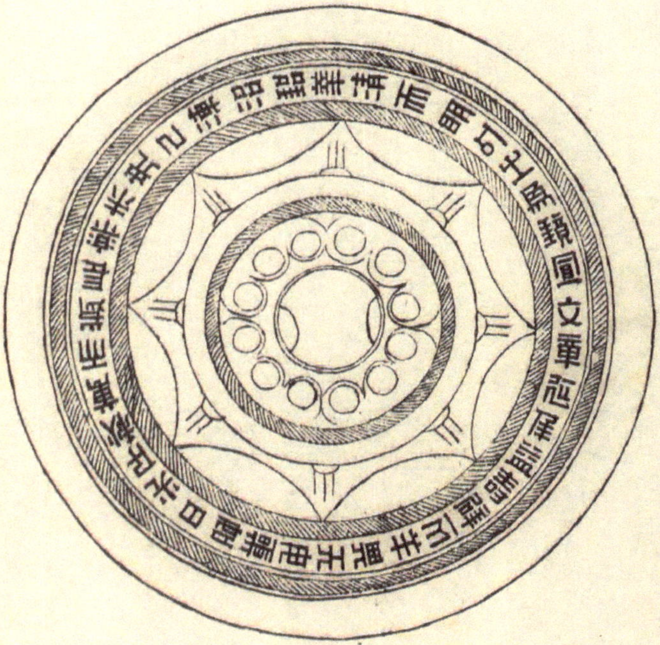

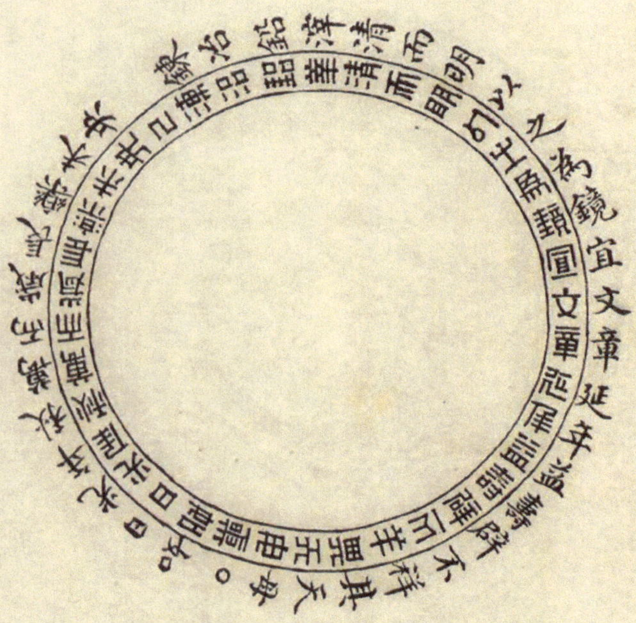
清而明以之為鏡宜文章延年益壽辟不祥其天母。如日光千秋萬歲樂未央

徑六寸重二十四兩背作菱花形中列十二乳
素邊素鼻銘三十七字

寧壽鑑古　卷十五

漢千秋鑑三

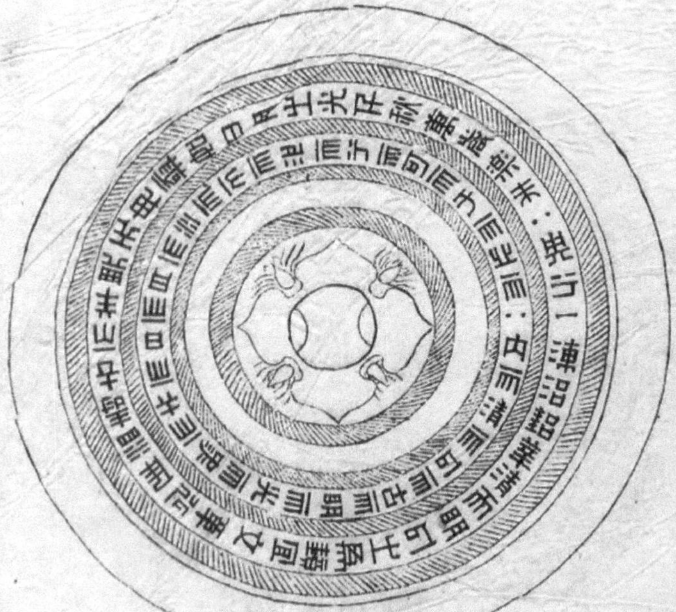

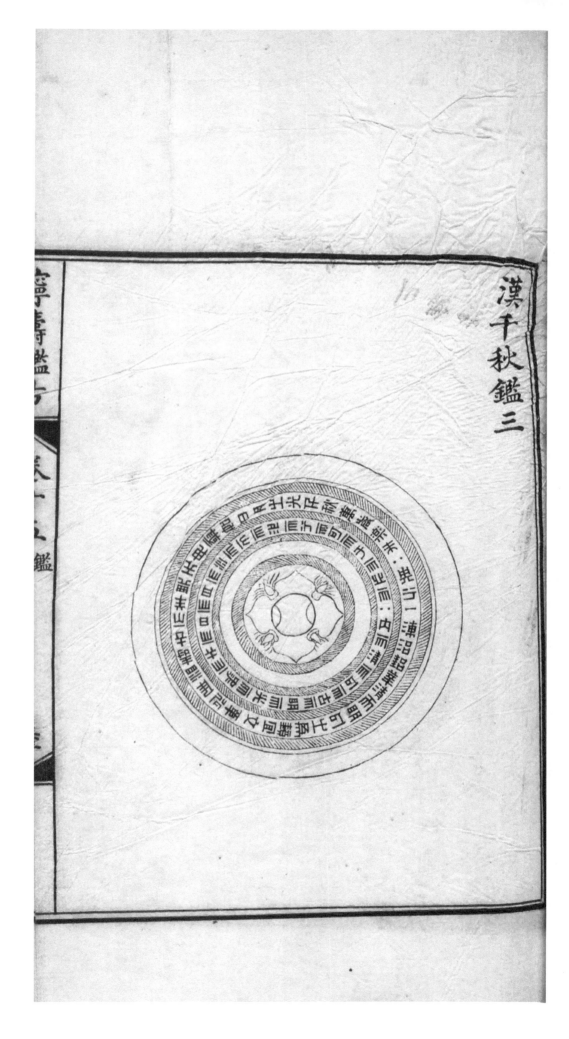

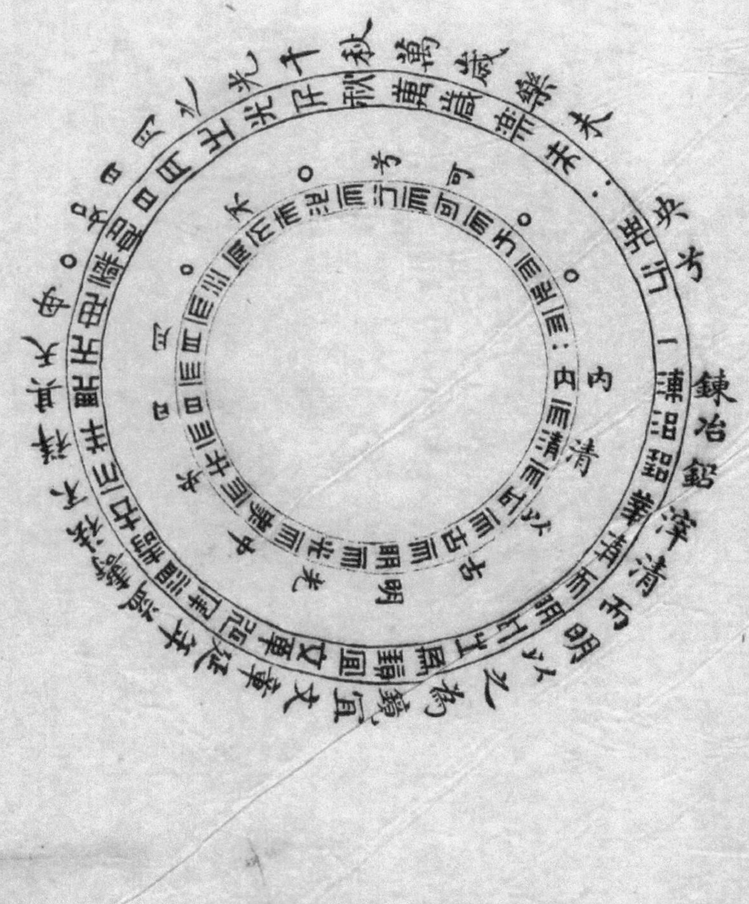

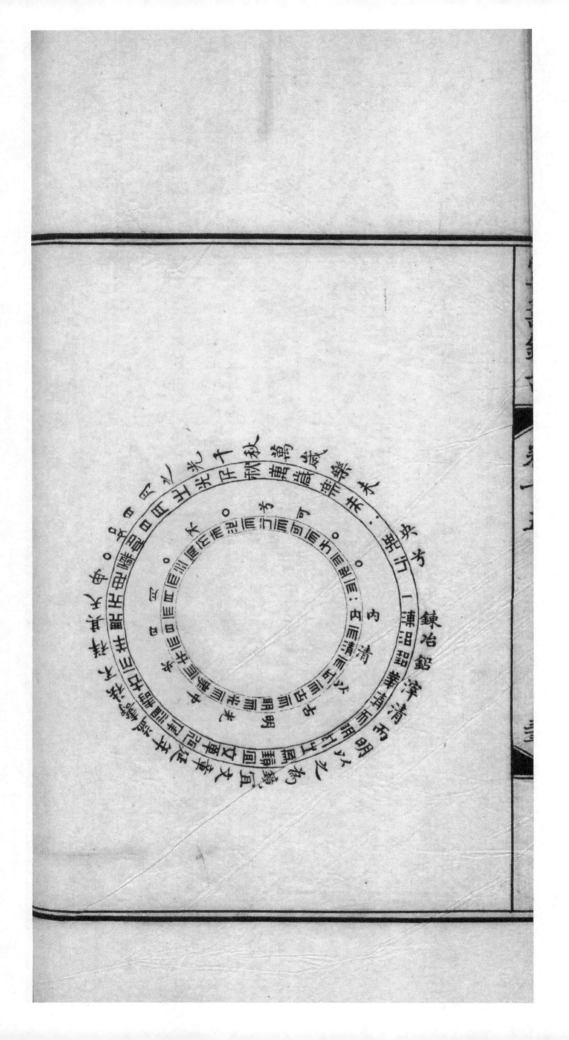

徑五寸九分重二十七兩有半背作菱花形素邊素鼻銘二外輪三十八字與前鑑同義僅廣其詞耳中輪三十四字每字之下各間一字如篆紋天字狀而義不相屬似亦花紋而非字也其字之可辨者惟內清以古明光中央日月數字餘不可識

漢千秋鑑四

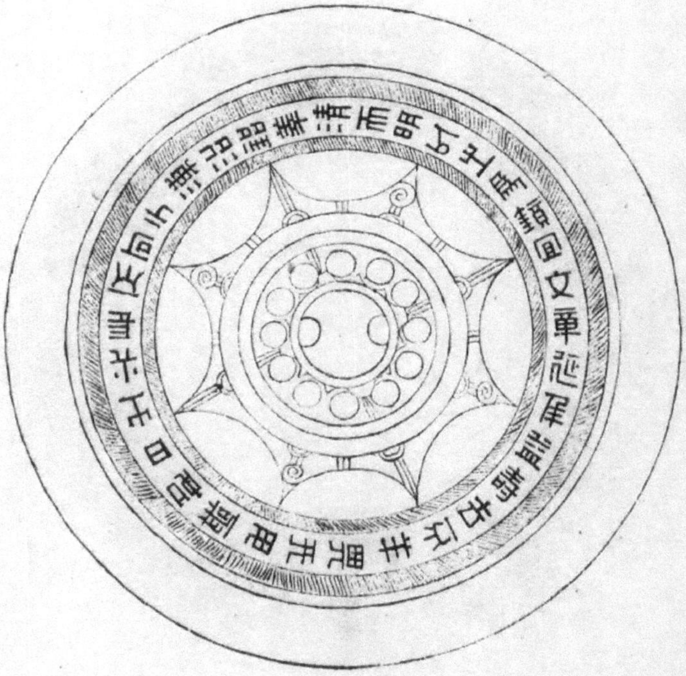

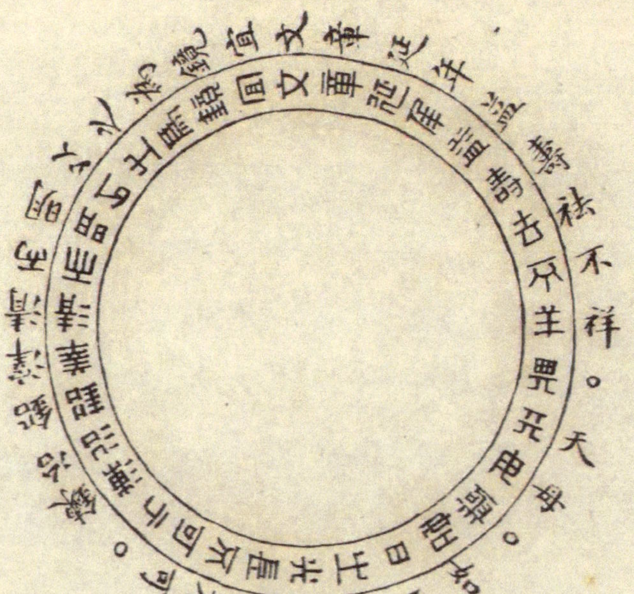
以之爲鏡宜文章延年益壽祛不祥。天毋如日之光長不可。

徑五寸六分重二十兩背作十二乳外輪作菱

花形素邊素鼻銘三十三字

漢千秋鑑五

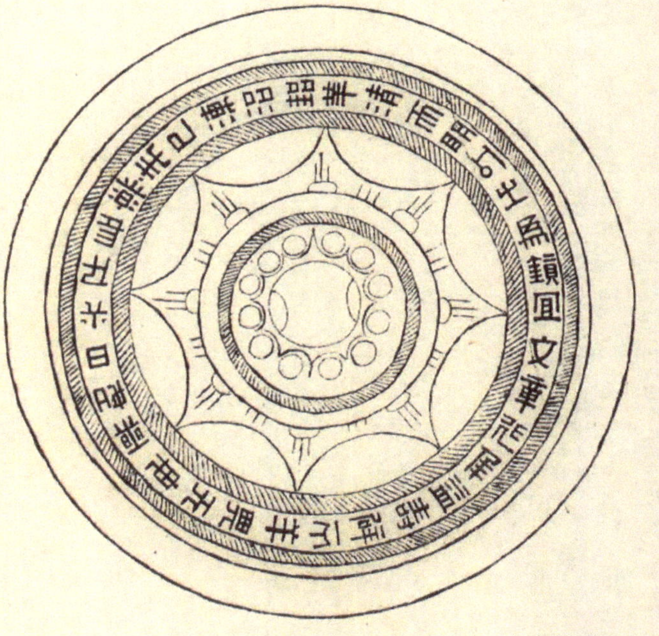

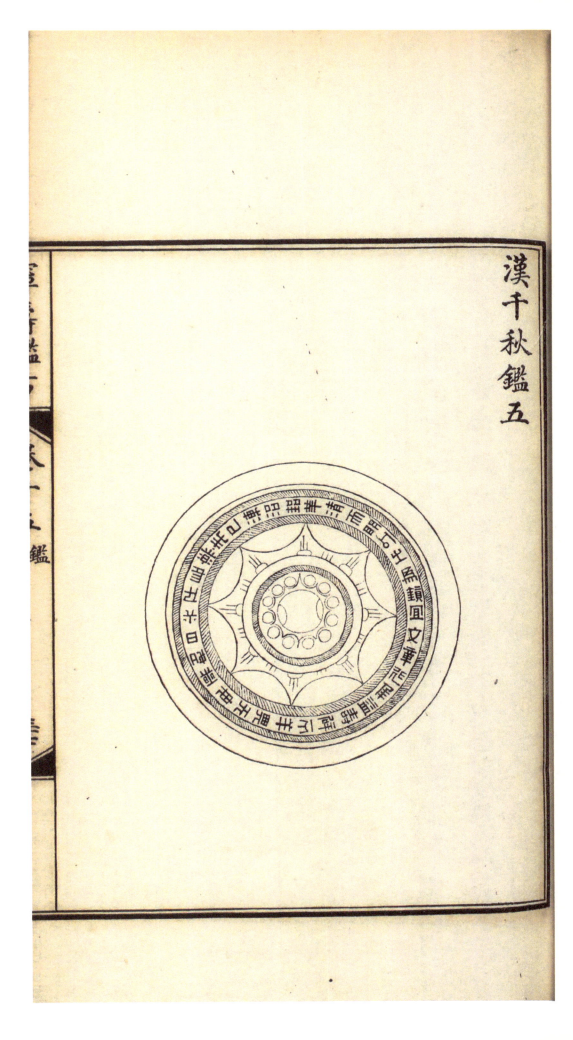

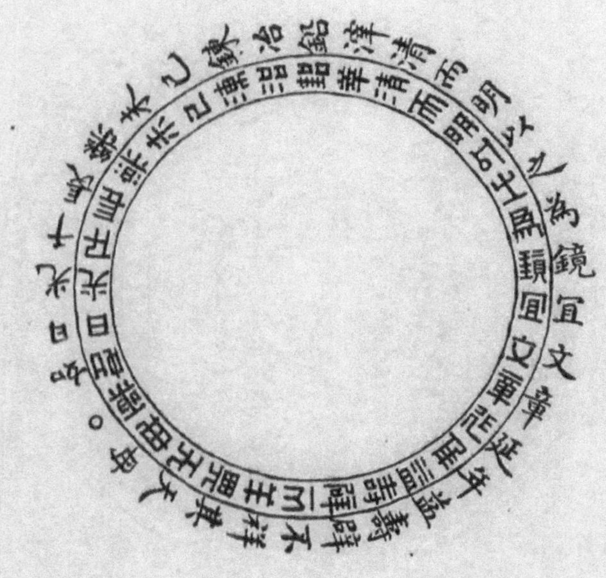
以之為鏡宜文章延年益壽辟不祥

徑五寸五分重二十兩背作菱花形中列十二乳素邊素鼻銘三十三字案西清古鑑所載漢長生鑑銘詞相類而長生鑑中輪有長生字與此小異

漢千秋鑑六

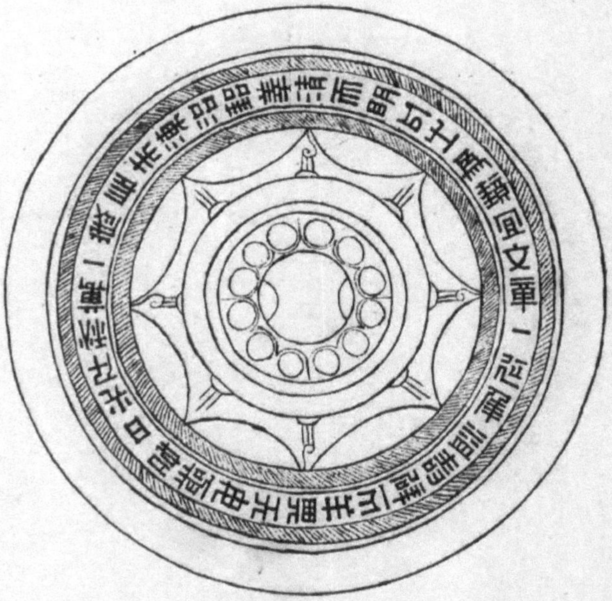

徑五寸四分重十八兩有半背作菱花形中列
十二乳素邉素鼻銘三十四字亦與前鑑同

漢長富貴鑑

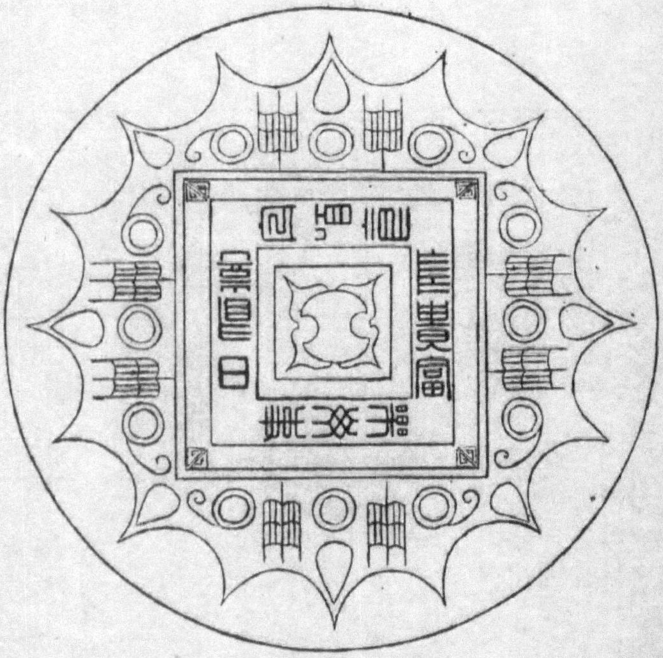

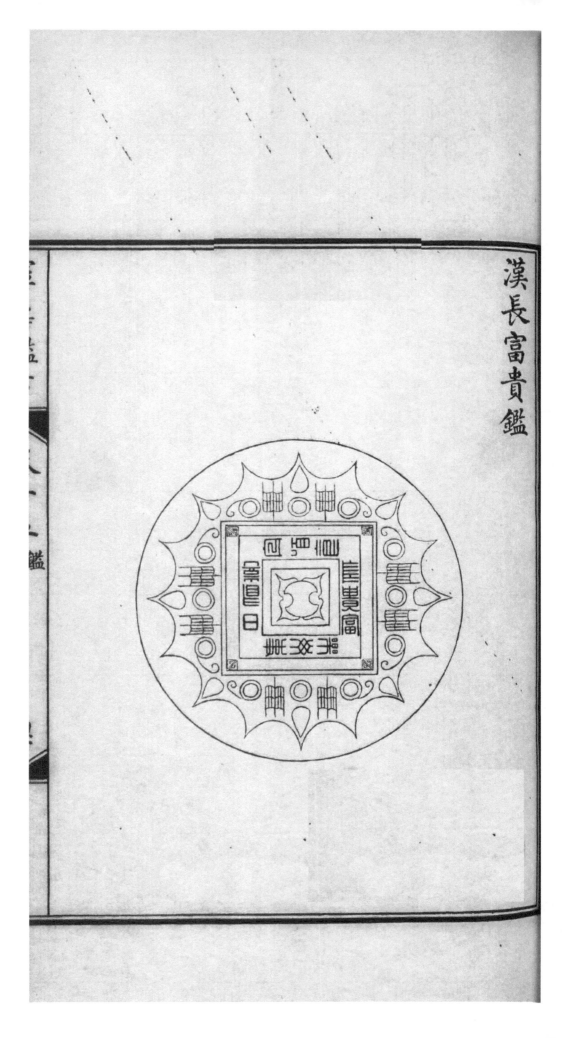

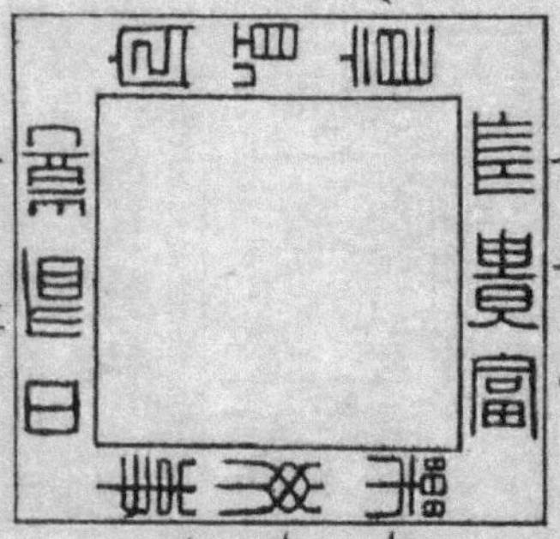
長貴富
樂毋事
日有喜
宜酒食

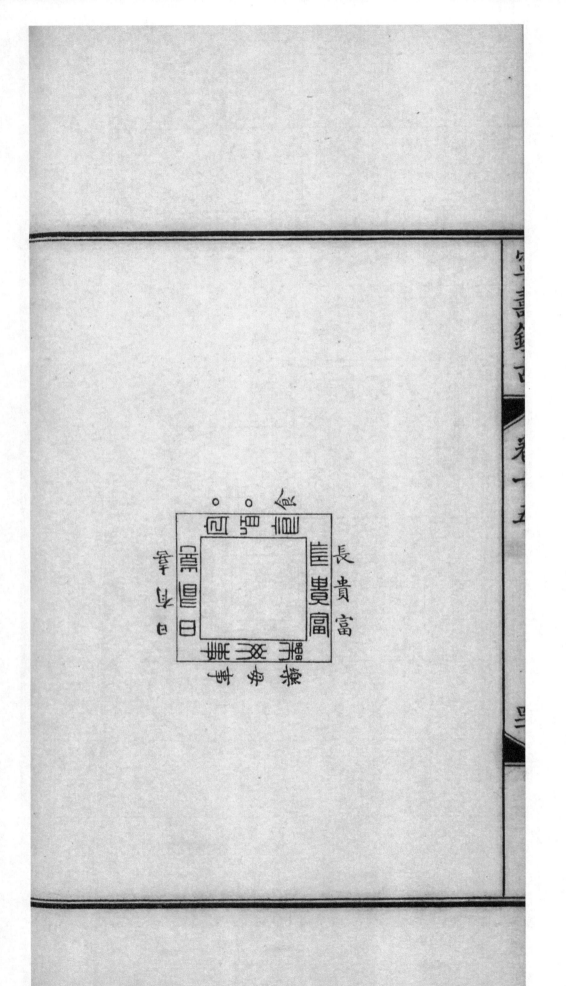

徑四寸五分重十三兩背作四乳菱花邊銘十
二字

漢長宜子孫鑑一

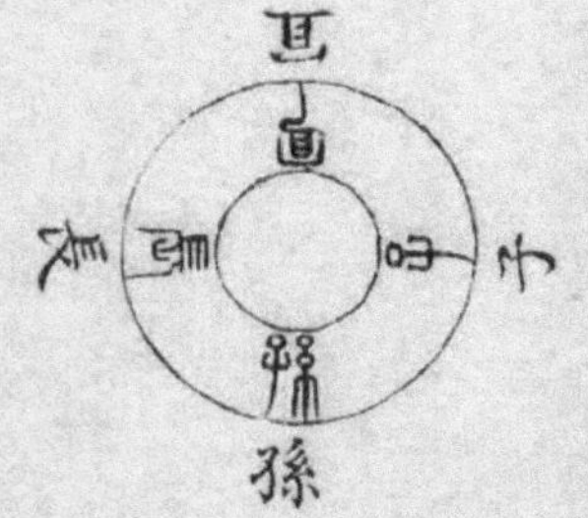
宜
子
孫
長

徑五寸八分重二十九兩有半背作四乳間列
龍馬形素邊素鼻銘四字與博古圖所載同古
人製器每寓善頌之意曰長宜子孫亦彝鼎之
銘子孫永保義也

寧壽鑑古

卷十五

器

漢長宜子孫鑑二

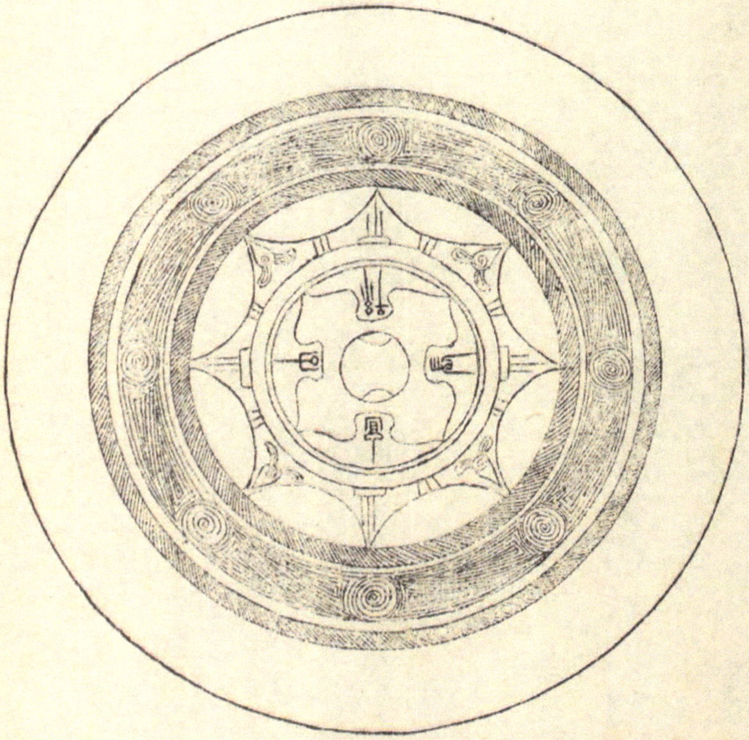

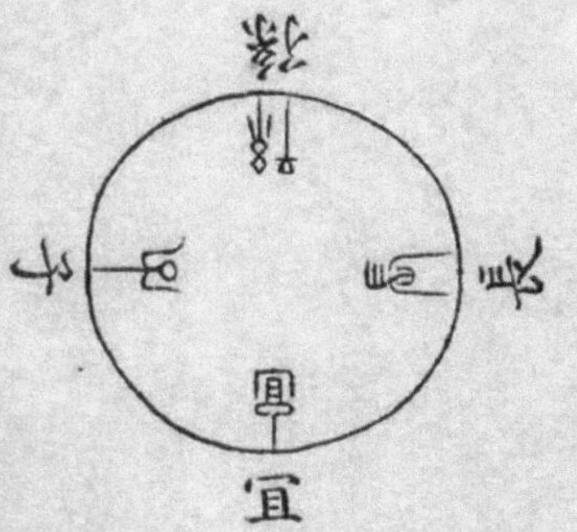
長
宜
子
孫

徑七寸八分重四十兩背作菱花形外輪列旋
紋素邊素鼻銘四字

漢寶鑑

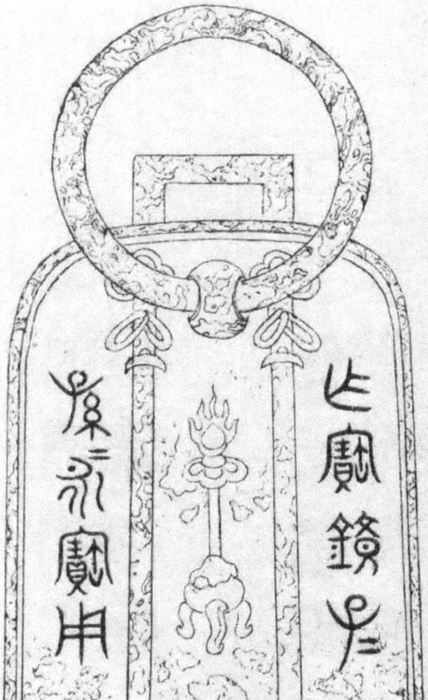

作寶鏡子〻
孫〻永寶用

長五寸濶三寸重二十三兩背作一鼎雙劍形素邊環鼻銘十字鏡之外規圓如鐘式内作鼎形亦寓鐘鼎爲世守器之意其作雙劍形者按漢人厭勝錢有之蓋用以辟除不祥也

漢王氏鑑

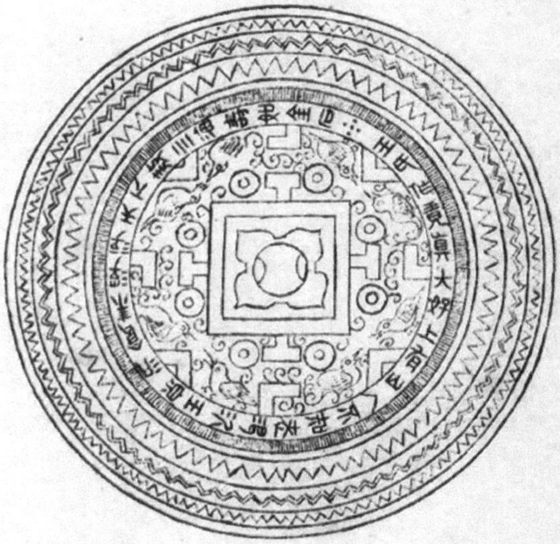

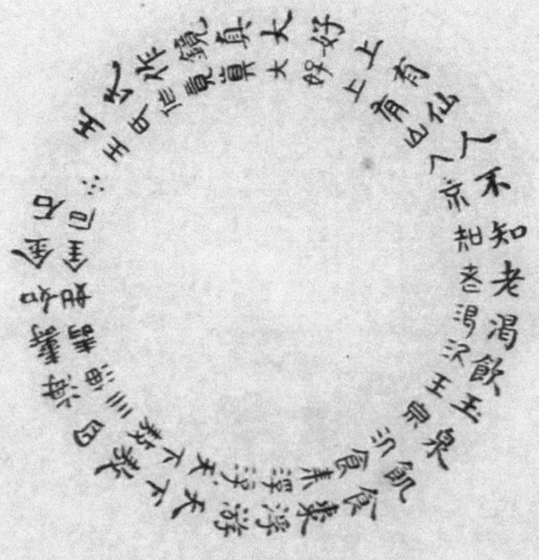
王氏作鏡真大好上有仙人不知老渴飲玉泉飢食棗浮游天下敖四

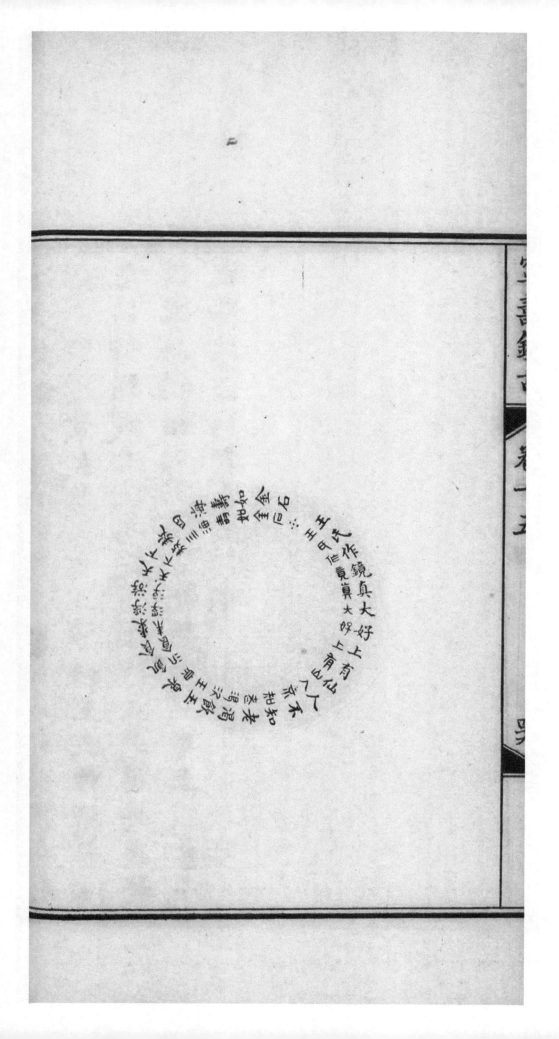

徑四寸三分重九兩有半背作八乳間列鳥獸
形山紋邊素鼻銘三十二字曰王氏作鏡案漢
之公卿外戚王氏爲最盛十侯五大司馬見於
漢書此鑑銘詞與尚方鑑同或恐其上擬禁中
之物故易尚方爲王氏耳

漢龍氏鑑

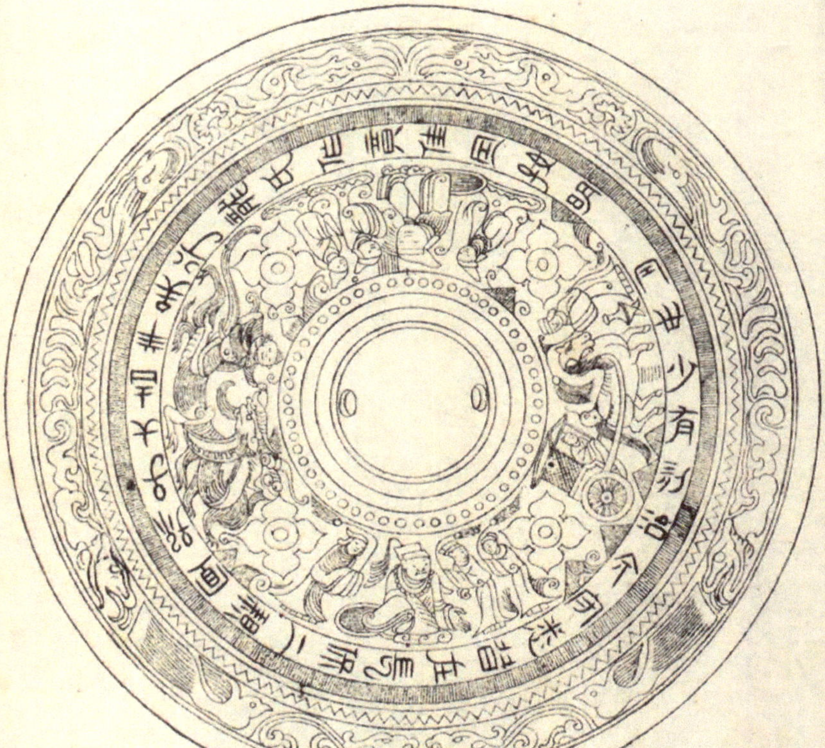

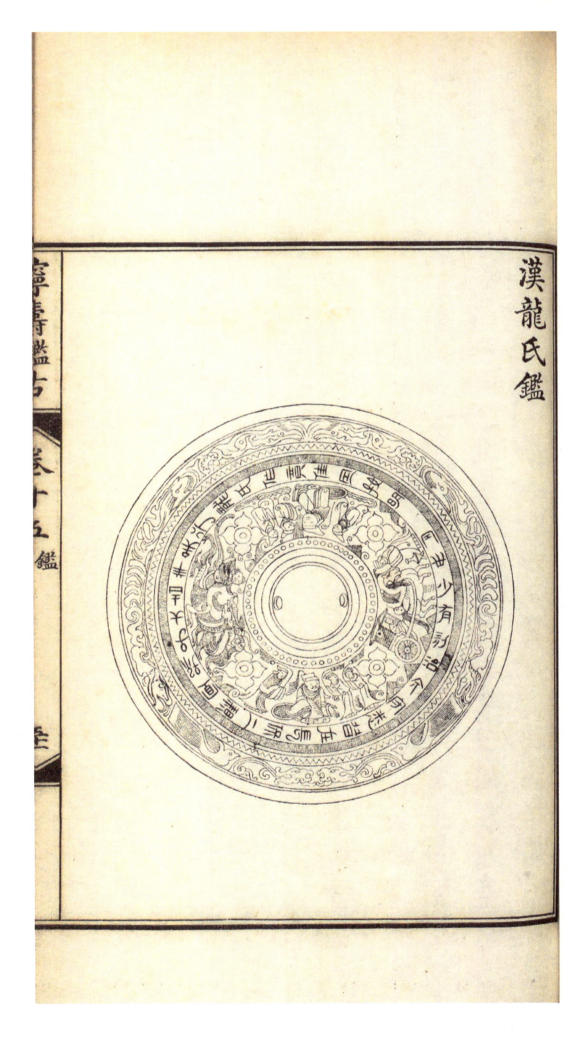

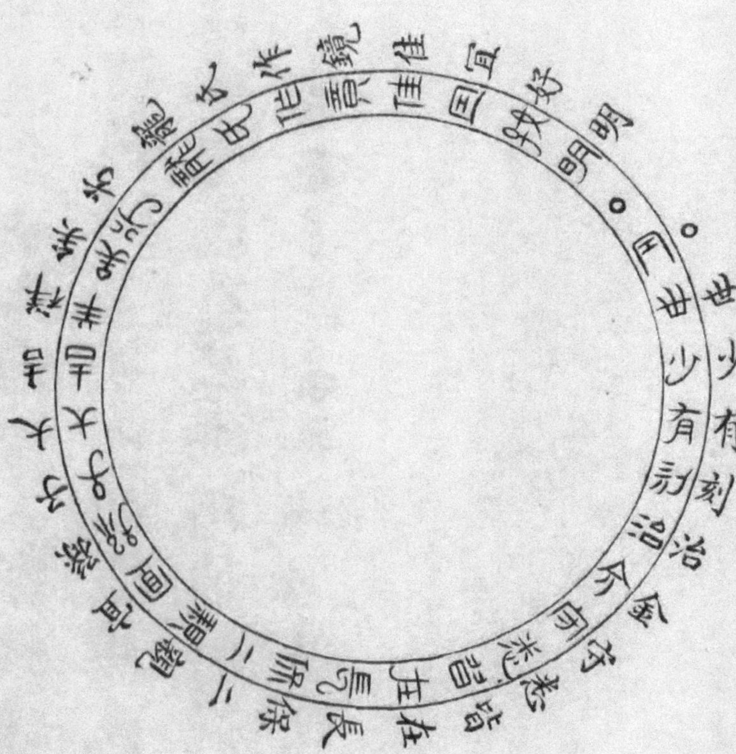
申少有刻治金守悲皆在長保二親宜孫子大吉祥

徑七寸二分重四十六兩背作四乳間列羣仙車駕形流雲邊素鼻銘三十二字按通志氏族略虞舜之臣龍爲納言子孫以名爲氏又董父能畜龍賜姓豢龍氏龍且爲項羽將漢有將軍龍伯高急就章亦有龍未央此銘龍氏蓋其族也

漢四靈三瑞鑑一

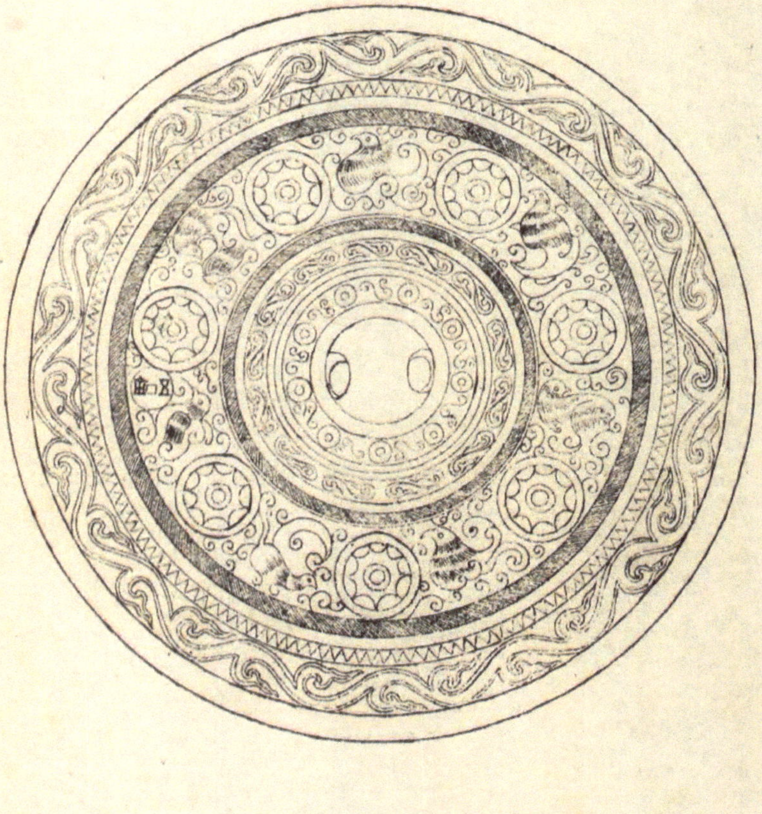

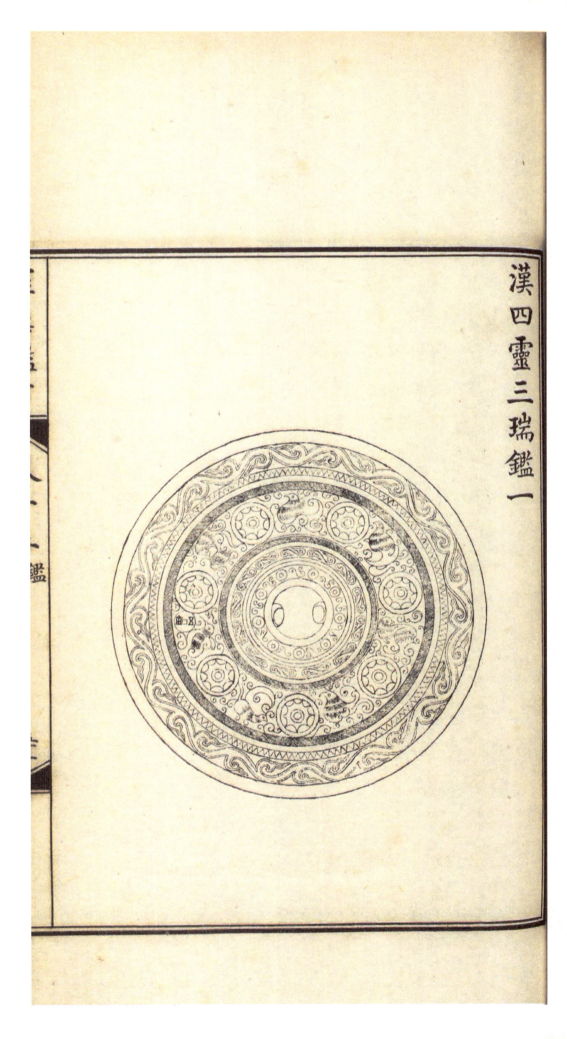

金 金口又 五

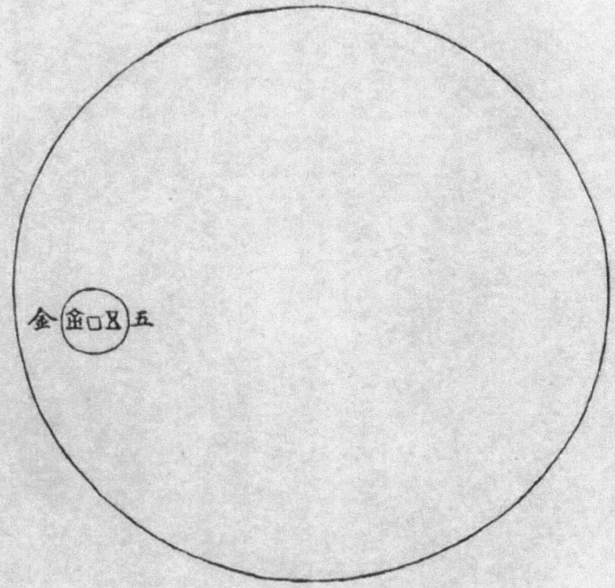

徑六寸重二十五兩背列九乳外輪七乳間以四靈三瑞形流雲邊素𪖐款二字如錢形文曰五金與博古圖所載四靈三瑞鑑相類而無此款

漢四靈三瑞鑑二

徑五寸九分重二十一兩有半背作九乳外輪七乳間列四靈三瑞形山紋邊素鼻無銘

漢四靈三瑞鑑三

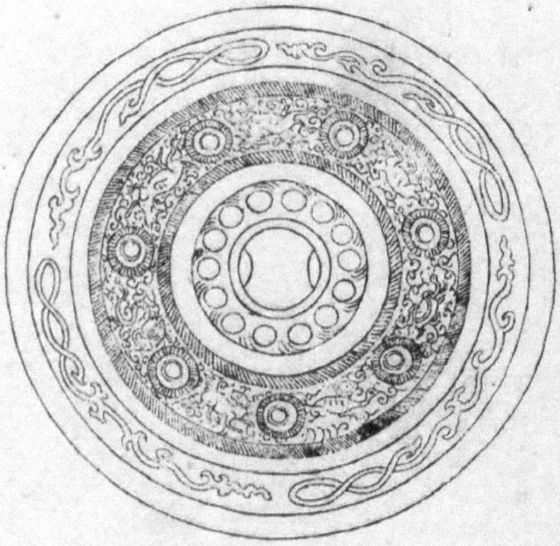

徑三寸六分重九兩背作九乳外輪七乳間列
四靈三瑞形流雲邊素鼻無銘

漢四神鑑一

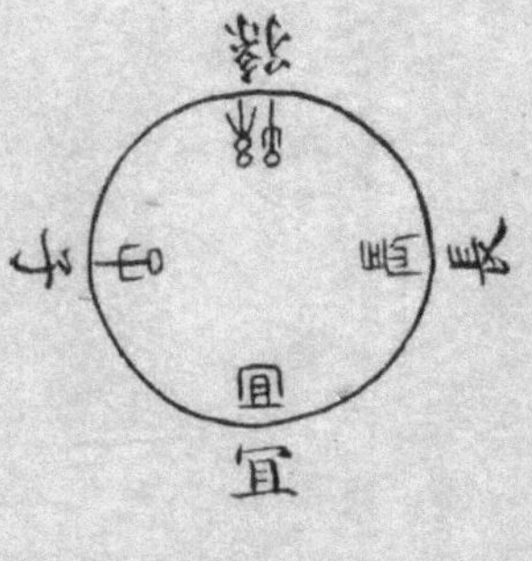
長
宜
子
孫

徑四寸三分重十二兩背作四神形間列四乳
流雲邊素鼻銘四字

漢四神鑑二

徑五寸五分重二十兩背作四神形間列四乳
素邊素鼻無銘

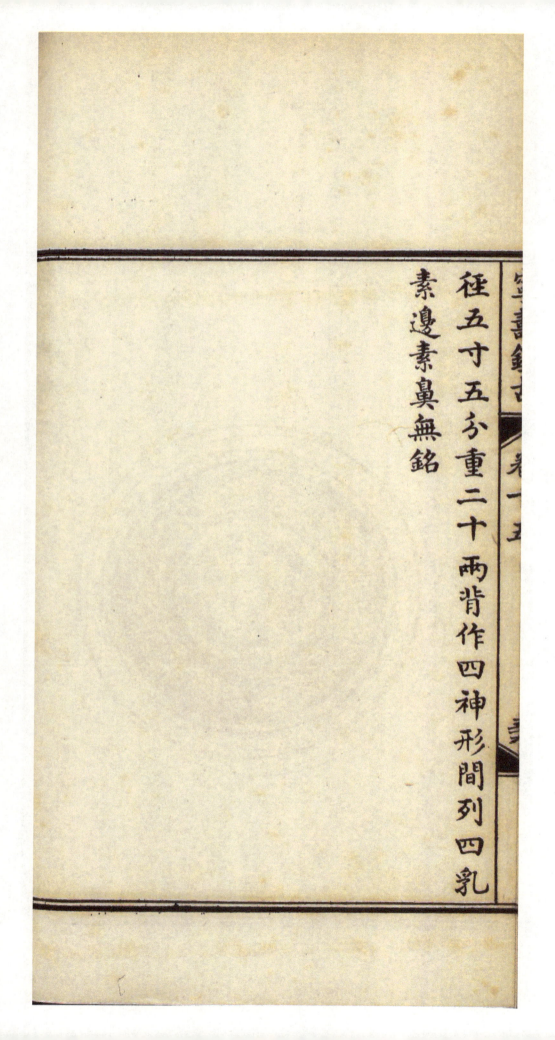

漢四神鑑三

徑三寸六分重七兩背作四神形花邊素鼻無銘

漢神人鑑

徑五寸重十三兩有半背列諸神騎控之形素
邊素鼻無銘

漢卍字鑑

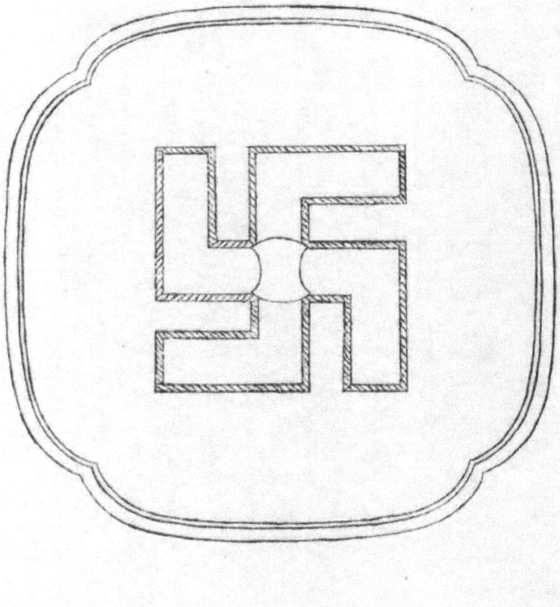

徑四寸五分重十兩背作卍字素邊素鼻無銘

漢十二辰鑑一

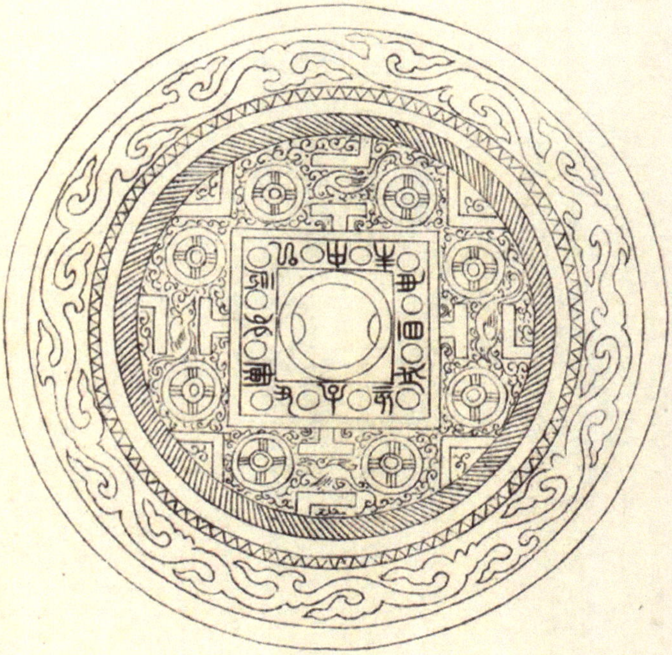

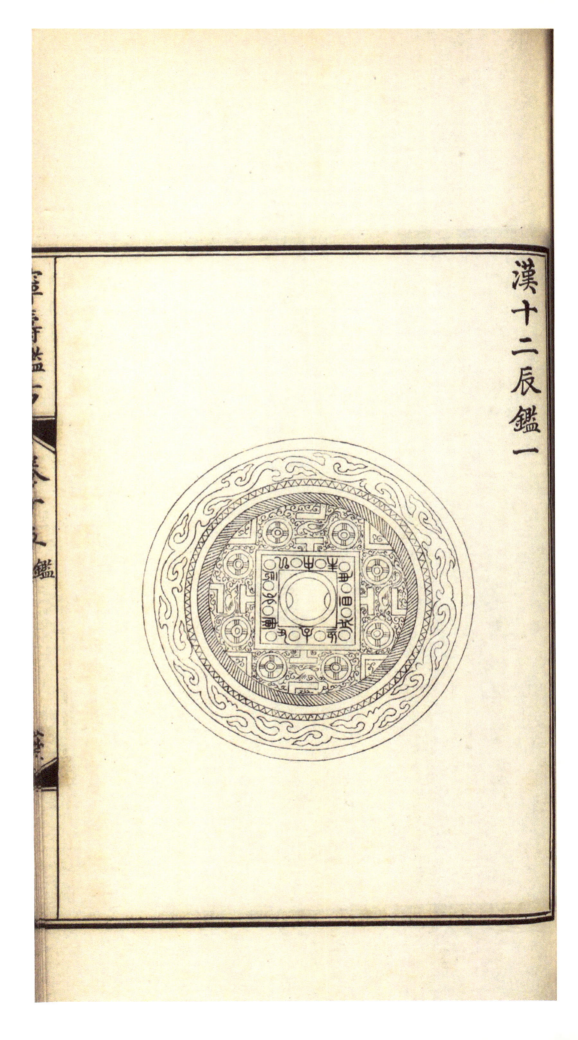

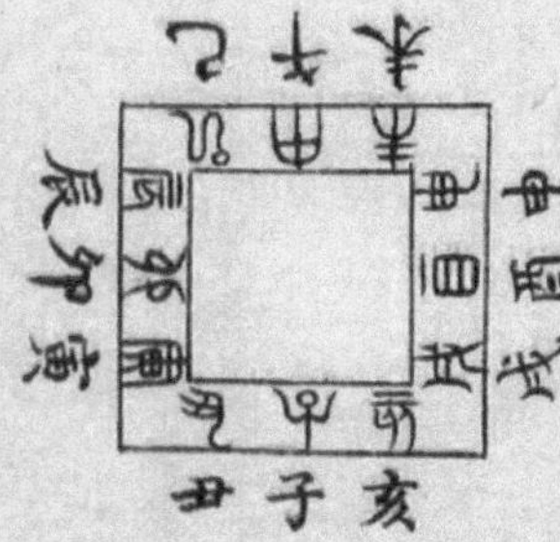
申酉戌
亥子丑
寅卯辰
巳午未

徑五寸重十八兩有半背作十二乳列地支十二字外輪作八乳間列雲鳥花邊素鼻

漢十二辰鑑二

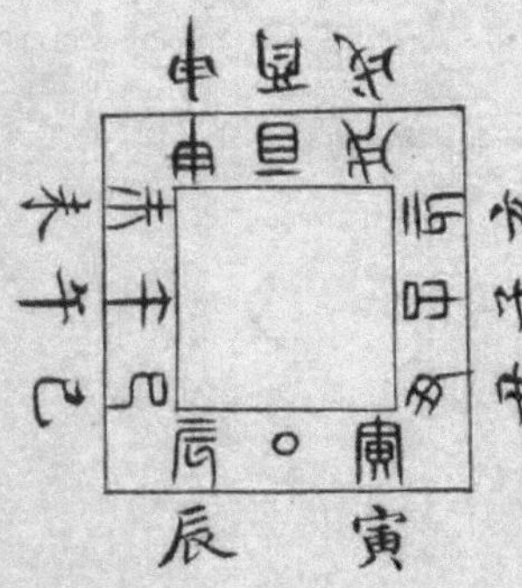
亥 子 丑
寅
辰
巳 午 未
申 酉 戌

徑五寸重十三兩背作十二乳列地支十二字
外輪作八乳間列鳥獸形花邊素鼻

漢十二辰鑑三

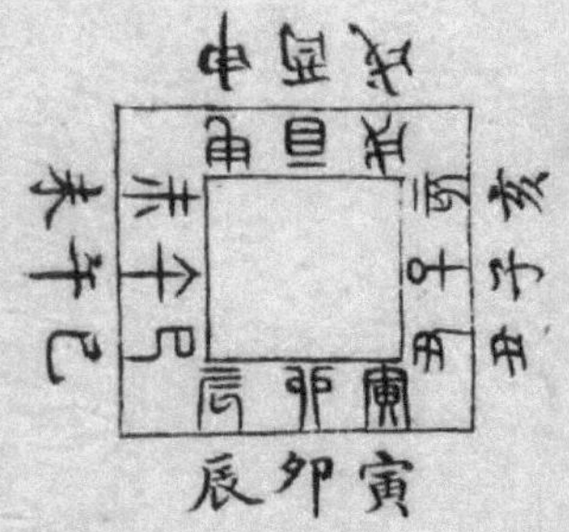
亥子丑
寅卯辰
巳午未
申酉戌

徑四寸四分重十三兩背作十二乳列地支十二字外輪作八乳間列鳥獸形花邊素鼻

漢八乳鑑一

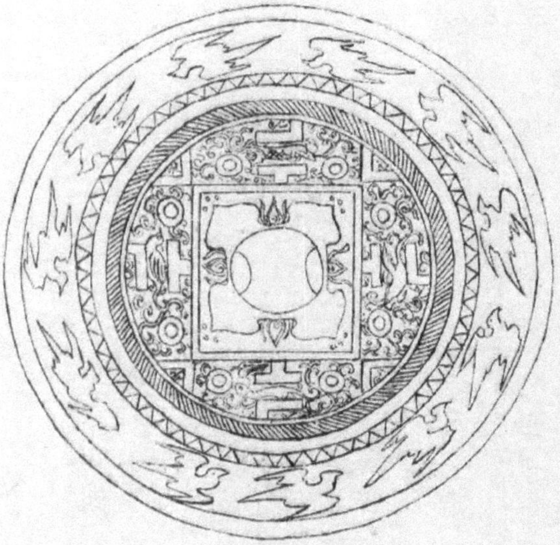

徑三寸八分重十兩背作八乳間列鳥獸形飛
禽邊素鼻無銘

漢八乳鑑二

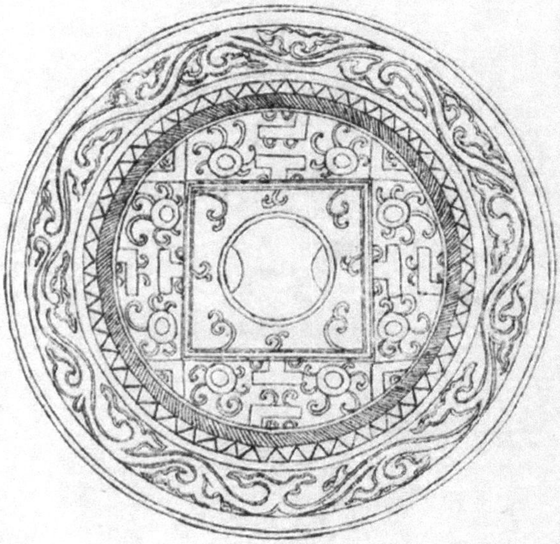

徑三寸五分重七兩背作八乳間以雲紋流雲
邊素鼻無銘

漢四乳鑑一

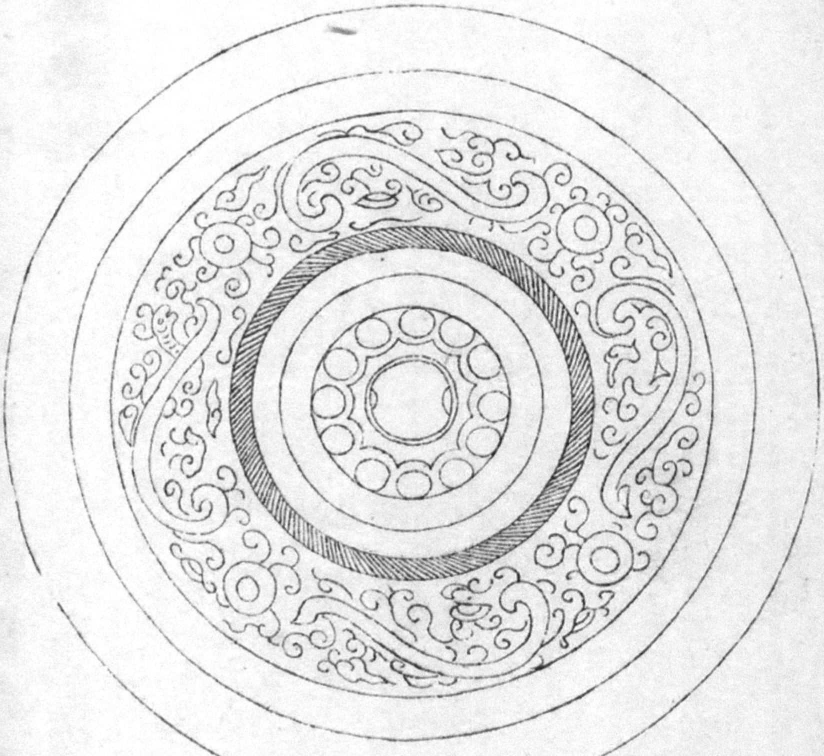

徑五寸四分重二十一兩背作四乳間以鳳紋
素邊素鼻無銘

漢四乳鑑二

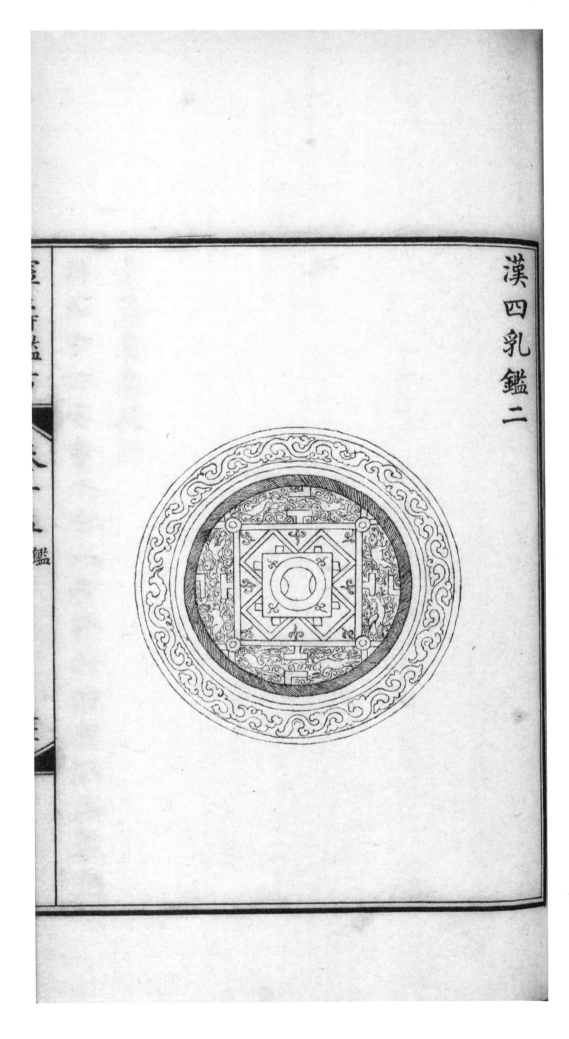

徑四寸四分重十七兩背作四乳間以龍鳥花
邊素鼻無銘

漢四乳鑑三

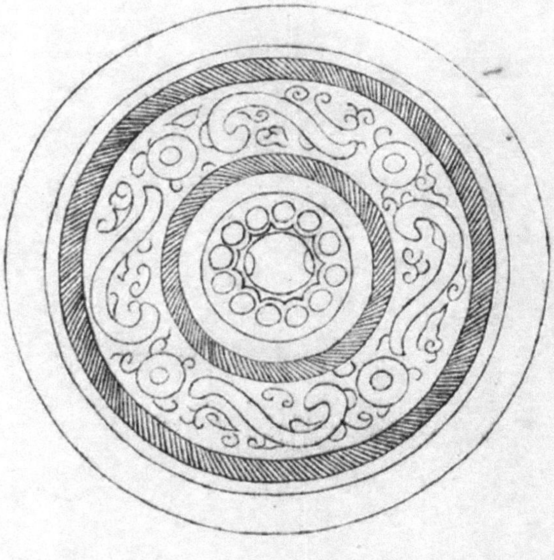

徑三寸六分重六兩背作四乳間以鳳紋素邊
素鼻無銘

漢枚乳鑑一

徑五寸一分重十三兩背列枚乳間以鳥獸形
山紋邊素鼻無銘

漢枚乳鑑二

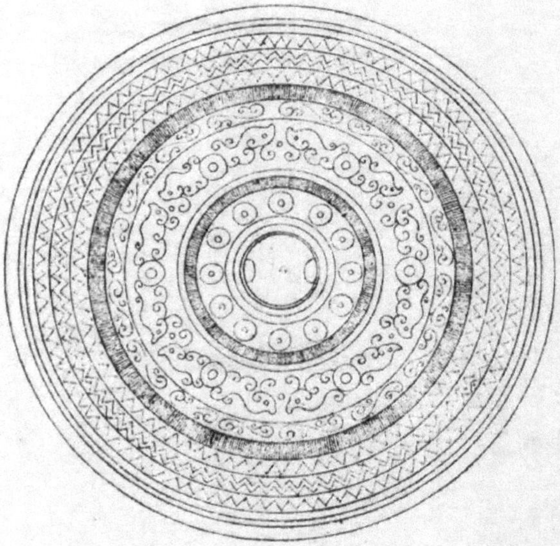

徑四寸八分重九兩背列枚乳間以鳥獸形山
紋邊素臬無銘

漢花乳鑑

徑四寸九分重十二兩背作六乳外列四乳繞
以花枝各綴以乳菱花邊花鼻無銘

漢純素鑑

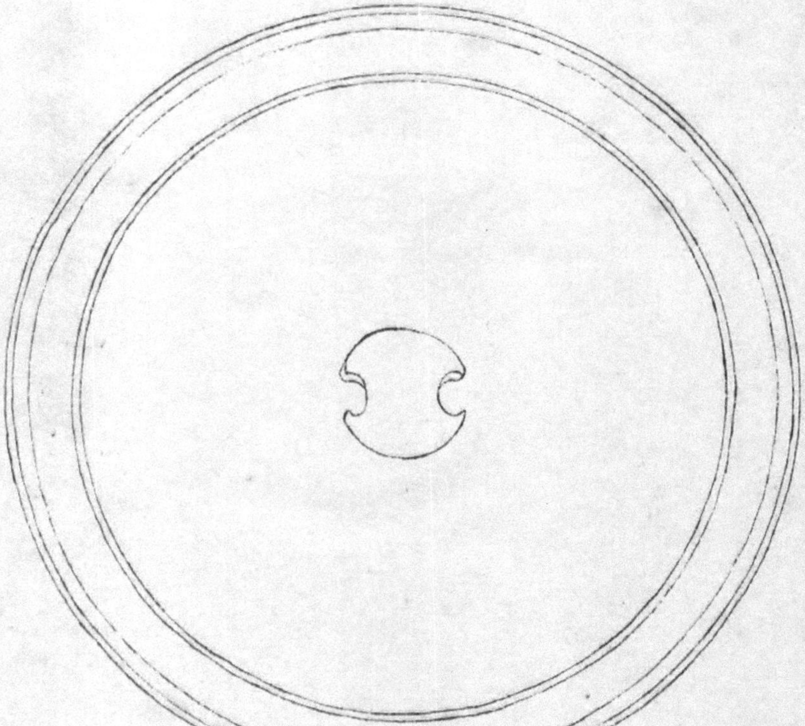

徑一尺一寸二分重一百二十六兩背作重輪
純素無花素邊素鼻無銘

漢瑞獸鑑

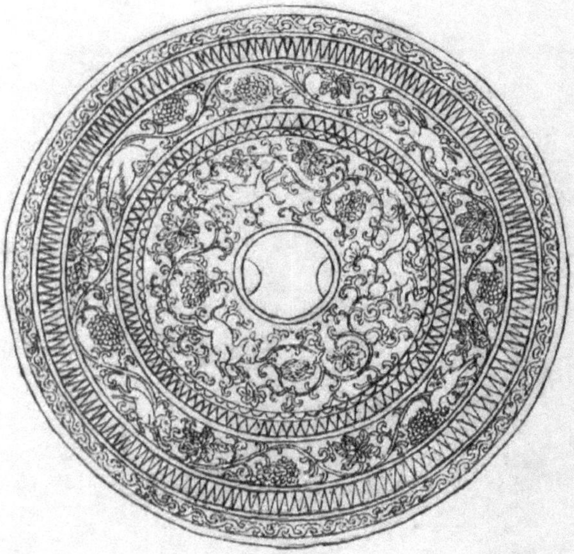

径三寸九分重十四兩背列花枝瑞獸花邊素
鼻無銘

漢鸞獸鑑

徑五寸一分重十七兩背作鸞獸形各二葵花

式素邊素鼻無銘

寧壽鑑古卷十六目録

鑑二

漢

海獸蒲萄鑑八

海獸蒲萄鑑九

海獸蒲萄鑑十

海獸蒲萄鑑十一

海獸蒲萄鑑十二

海獸蒲萄鑑十三

海獸蒲萄鑑十四

海獸蒲萄鑑十五

海獸蒲萄鑑十六

海獸蒲萄鑑十七

唐

鳧雁花枝鑑三
雀繞花枝鑑一
雀繞花枝鑑二
寶相花鑑一
寶相花鑑二
寶相花鑑三
寶相花鑑四

漢海獸蒲萄鑑一

徑六寸五分重七十二兩背作海獸八外輪列
鳥獸形環以結枝蒲萄花邊獸鼻無銘

漢海獸蒲萄鑑二

徑五寸四分重二十九兩背作海獸五外輪列
鳥獸形環以結枝蒲萄花邊獸鼻無銘

漢海獸蒲萄鑑三

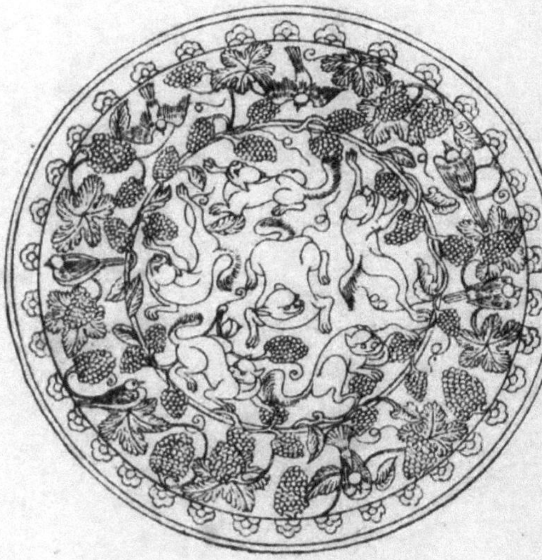

徑四寸五分重二十兩背作海獸五外輪列鳥雀形環以結枝蒲萄花邊獸鼻無銘

漢海獸蒲萄鑑四

徑四寸三分重二十二兩背作海獸五外輪列
鳥雀形環以結枝蒲萄花邊獸鼻無銘

漢海獸蒲萄鑑五

徑四寸一分重十八兩背作海獸四外輪列蜨
鳥形環以結枝蒲萄花邊獸鼻無銘

漢海獸蒲萄鑑六

徑三寸九分重十八兩背作海獸四外輪列鳥
獸形環以結枝蒲萄花邊獸鼻無銘

漢海獸蒲萄鑑七

徑三寸七分重十五兩背作海獸五外輪列鳥獸形環以結枝蒲萄花邊獸鼻無銘

漢海獸蒲萄鑑八

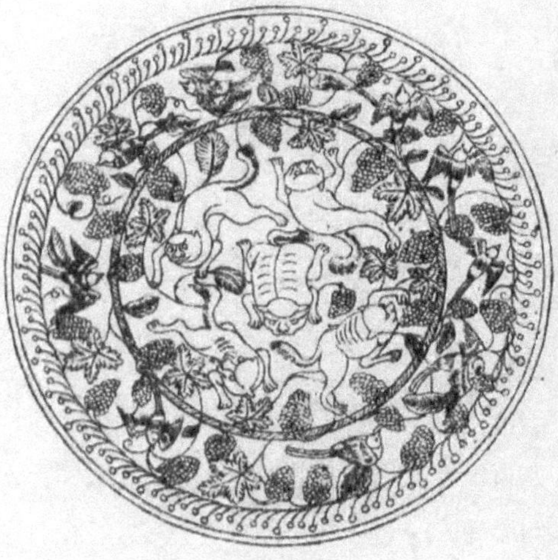

徑三寸七分重十五兩背作海獸四外輪列鳥
雀形環以結枝蒲萄花邊獸鼻無銘

漢海獸蒲萄鑑九

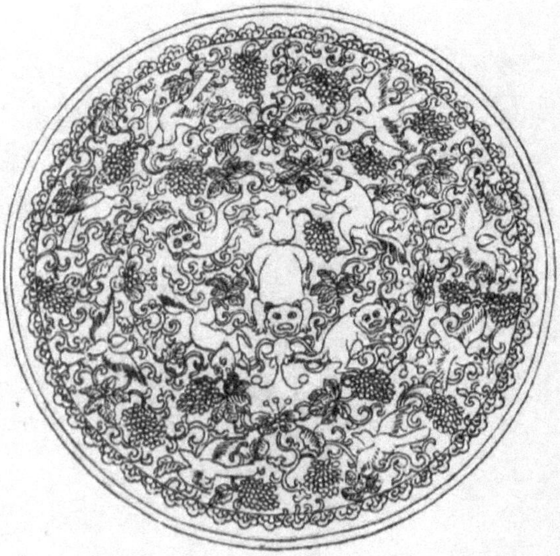

徑三寸七分重十四兩背作海獸四外輪列蜨
鳥形環以結枝蒲萄花邊獸鼻無銘

漢海獸蒲萄鑑十

徑三寸七分重十四兩背作海獸四外輪列鳥
雀形環以結枝蒲萄花邊獸鼻無銘

漢海獸蒲萄鑑十一

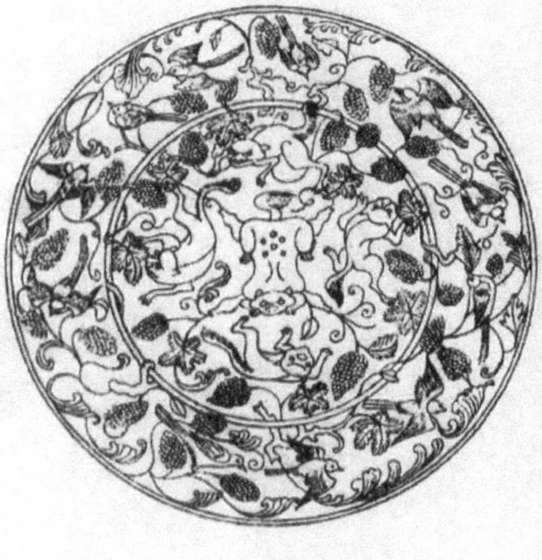

徑三寸七分重十四兩背作海獸四外輪列蜨鳥形環以結枝蒲萄花邊獸鼻無銘

漢海獸蒲萄鑑十二

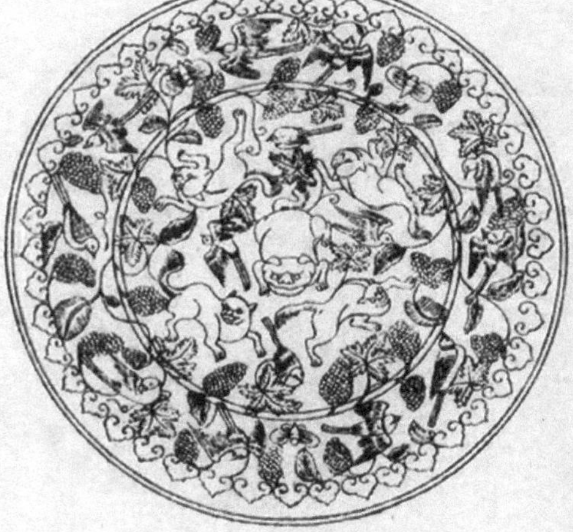

徑三寸六分重十二兩背作海獸四外輪列蜨
鳥形環以結枝蒲萄花邊獸鼻無銘

漢海獸蒲萄鑑十三

徑三寸五分重十二兩背作海獸四外輪列鳥
雀形環以結枝蒲萄花邊獸鼻無銘

漢海獸蒲萄鑑十四

徑三寸五分重八兩有半背作海獸四外輪列
蜨鳥形環以結枝蒲萄花邊獸鼻無銘

漢海獸蒲萄鑑十五

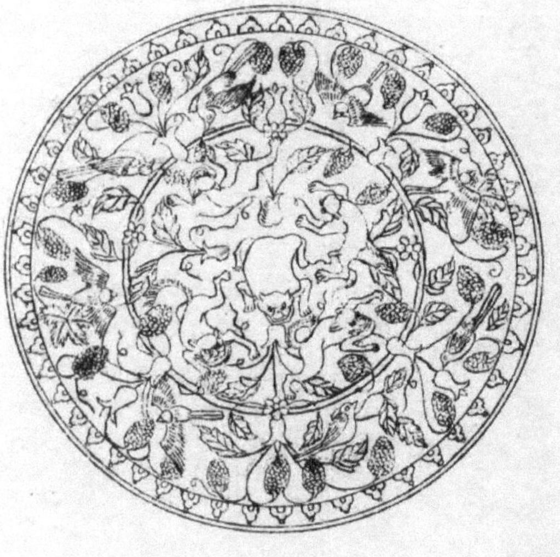

徑三寸四分重十三兩有半背作海獸四外輪列鳥雀形環以結枝蒲萄花邊獸鼻無銘

漢海獸蒲萄鑑十六

徑三寸四分重十三兩背作海獸四外輪列鳥雀形環以結枝蒲萄花邊獸鼻無銘

漢海獸蒲萄鑑十七

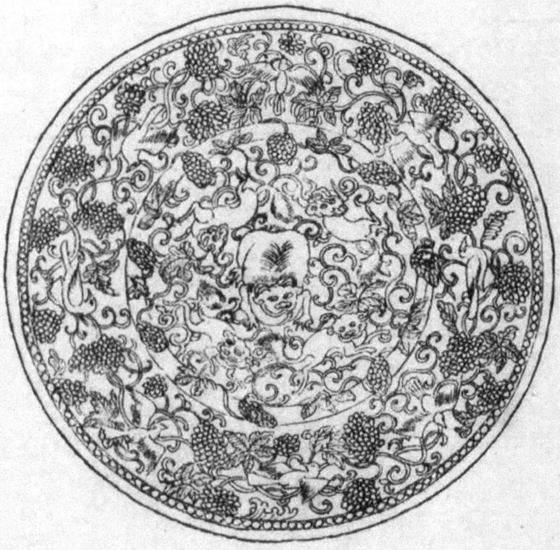

徑三寸三分重十兩背作海獸四外輪列飛鳥
形環以結枝蒲萄花邉獸鼻無銘

漢海獸蒲萄鑑十八

徑三寸三分重十兩背作海獸四外輪列鳥雀
形環以結枝蒲萄花邉獸鼻無銘

漢海獸蒲萄鑑十九

徑三寸二分重九兩背作海獸四外輪列飛鳥形環以結枝蒲萄花邊獸鼻無銘

漢海獸蒲萄鑑二十

徑三寸重十兩背作海獸四外輪列鳥雀形環以結枝蒲萄花邊獸鼻無銘

漢海獸蒲萄鑑二十一

徑三寸重九兩背作海獸四外輪列鳥雀形環
以結枝蒲萄花邉獸鼻無銘

漢海獸蒲萄鑑二十二

徑二寸九分重六兩有半背作海獸四外輪列
鳥雀形環以結枝蒲萄花邊獸鼻無銘

漢海獸蒲萄方鑑一

徑三寸六分重十八兩背作海獸四外輪列鳥雀形環以結枝蒲萄素邊獸鼻無銘

漢海獸蒲萄方鑑二

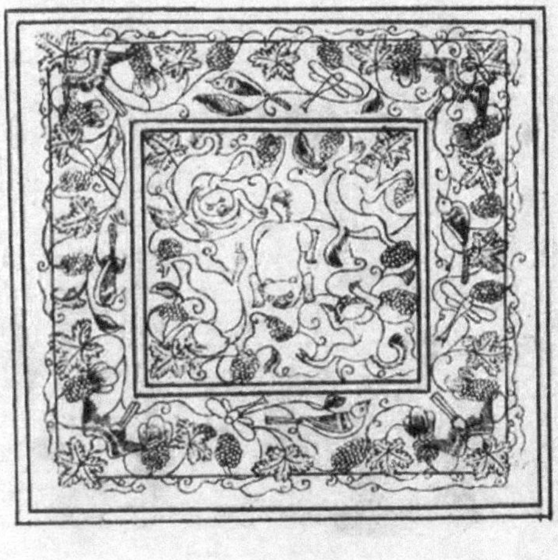

徑二寸九分重十一兩背作海獸四外輪列蜨
鳥形環以結枝蒲萄素邊獸鼻無銘

漢海獸蒲萄方鑑三

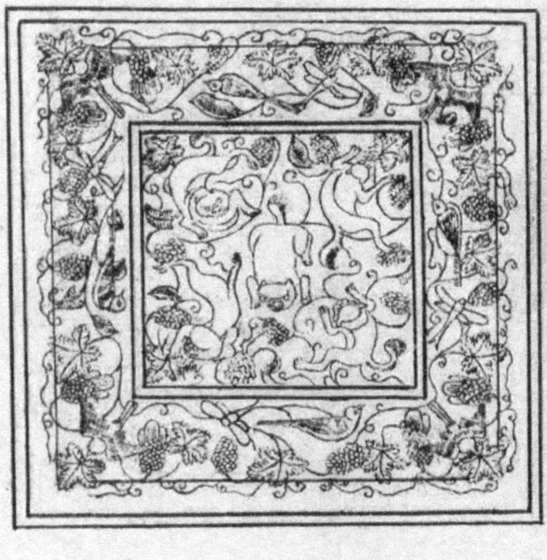

徑二寸九分重十兩背作海獸四外輪列蜨鳥
形環以結枝蒲萄素邊獸鼻無銘

漢海獸蒲萄方鑑四

徑二寸九分重十兩背作海獸四外輪列蜨鳥
形環以結枝蒲萄素邊獸鼻無銘

漢海獸蒲萄方鑑五

徑二寸八分重十兩有半背作海獸四外輪列
蜨鳥形環以結枝蒲萄素邊獸鼻無銘

唐瑩質鑑

練形神冶瑩質良工如珠出匣似月停空當眉寫翠對臉傅紅綺窗繡幌俱涵影中

徑四寸九分重十三兩有半背作海馬五間以結枝蒲萄素邊素梟銘三十二字案太平廣記楊起得一鏡背環水族銘曰鍊形神冶瑩質良工如珠出匣似月停空當眉寫翠對臉傳紅綺窓繡幌俱含影中與此正同又與博古圖瑩質鑑相類惟俱含影中句博古圖作俱照秦宮晃字即幌省文

唐三樂鑑

徑四寸一分重九兩有半葵花式背作問答圖像素邊素鼻識九字按列子榮啓期鹿裘帶索鼓琴而歌孔子問曰先生樂何也期曰天生萬物唯人為貴吾既得為人是一樂也男女之别男尊女卑吾得為男矣是二樂也人生有不見日月不免襁褓者吾行年九十矣是三樂也鑑之取義于此而以期為竒乃傳寫之訛

唐雲龍鑑

徑五寸三分重十八兩有半葵花式背作飛龍

一間以流雲花螭邊素鼻無銘

唐四神八卦鑑

徑六寸七分重二十八兩背作四神分列八卦
間以雷文又外一輪列十二屬間以流雲素邊
素鼻無銘

唐雙鸞鑑一

徑七寸六分重三十六兩葵花式背作雙鸞間
以花朵花枝邊素鼻無銘

唐雙鸞鑑二

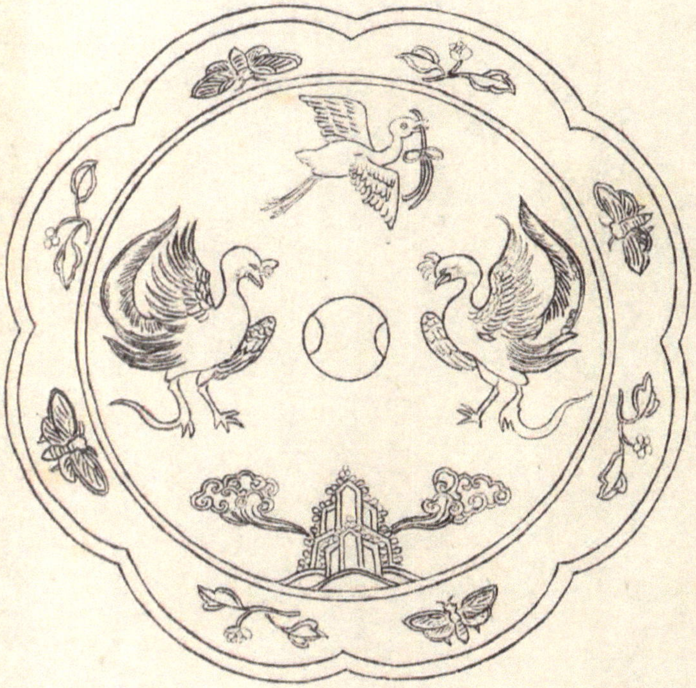

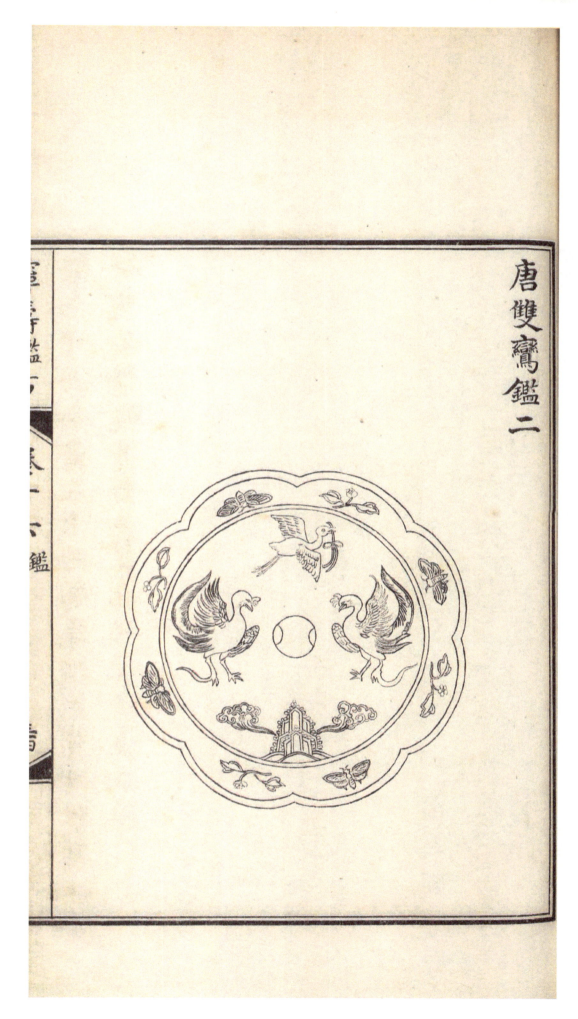

徑五寸七分重二十四兩葵花式背作雙鸞上
一鳥銜帶綬下為山雲花蝀邊素鼻無銘

唐雙鸞鑑三

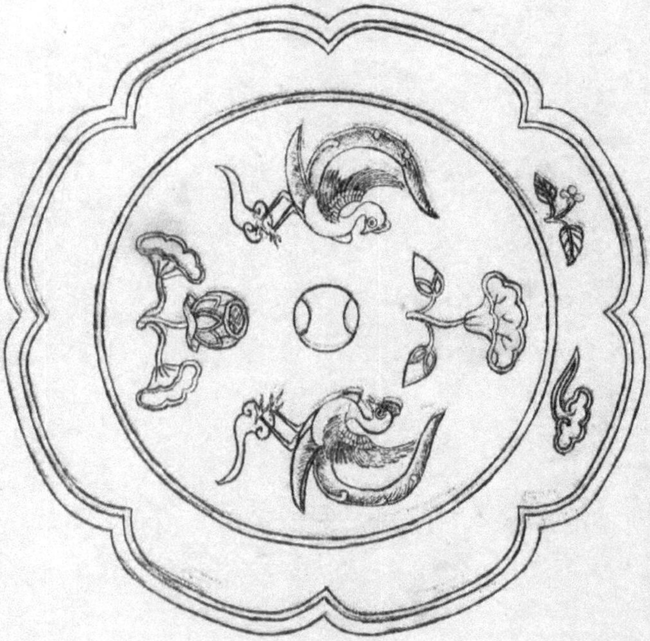

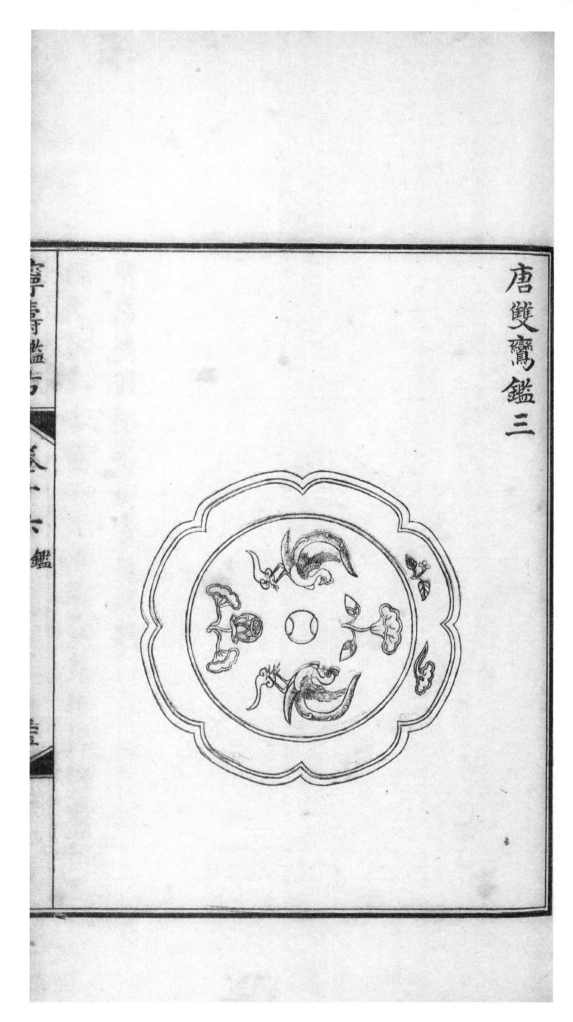

徑五寸一分重十五兩葵花式背作雙鸞間以
花朶花枝流雲邊素鼻無銘

唐雙鸞鑑四

徑五寸重十三兩有半葵花式背作雙鸞間以花朵素邊素鼻無銘

唐雙鸞鑑五

徑三寸九分重十一兩葵花式背作雙鸞間以

花朵流雲邊素鼻無銘

唐鸞獸鑑一

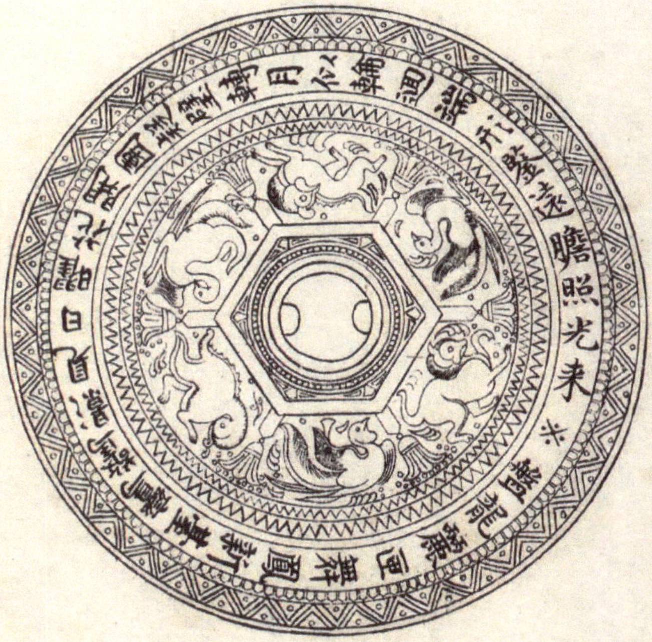

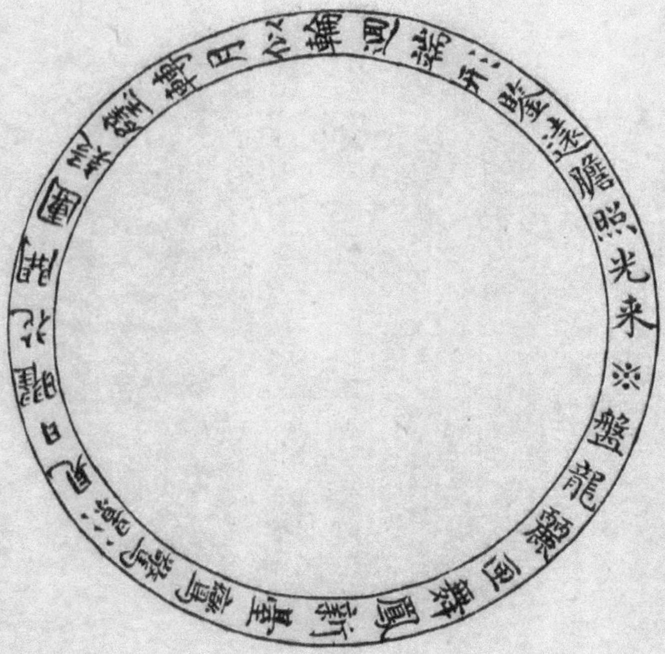

徑五寸五分重二十八兩背作鸞獸形花邊素
鼻銘三十二字唐鑑銘多工麗語如續夷堅志
所載光含晉殿影照秦宮博古圖所載龍盤匣
裏鸞舞臺前西清古鑑所載之規逾璧水綵豔
蘭釭皆此類也

唐鸞獸鑑二

徑八寸九分重一百八兩菱花式背作鸞獸形
間以花枝花蜨邊素鼻無銘

唐鸞獸鑑三

徑六寸四分重三十八兩菱花式背作鸞獸形間以花枝花邊素鼻無銘

唐鸞獸鑑四

徑五寸三分重十五兩背作鸞獸形素邊素鼻
無銘

唐鸞獸鑑五

徑四寸七分重九兩背作鸞獸形素邊素鼻無銘

唐鸞獸鑑六

徑四寸五分重十六兩有半背作鸞獸形間以花枝蜨雀花枝邊獸鼻無銘

唐瑞獸鑑一

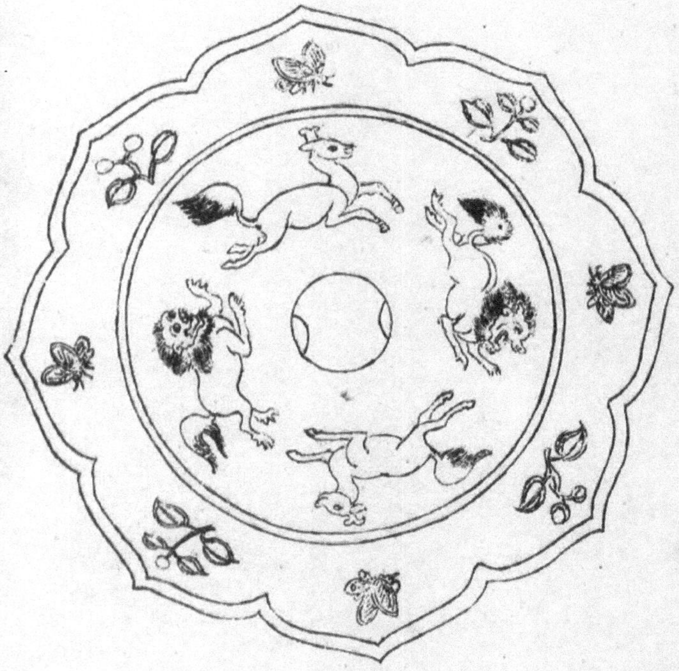

徑四寸四分重十三兩有半菱花式背作瑞獸
二間以花枝花蜨邊素鼻無銘

唐瑞獸鑑二

徑四寸四分重十一兩菱花式背作瑞獸四間
以花枝花蜨邊素鼻無銘

唐鳧雁花枝鑑一

徑五寸九分重三十八兩菱花式背作鳧雁四
間以雲朵花枝流雲邊素鼻無銘

唐鳧雁花枝鑑二

徑五寸一分重十九兩菱花式背作鳧鴈四閒
以花枝雲蜨邊素鼻無銘

唐鳧雁花枝鑑三

徑四寸二分重十六兩菱花式背作鳧雁四間
以花枝芝雲邊獸鼻無銘

唐雀繞花枝鑑一

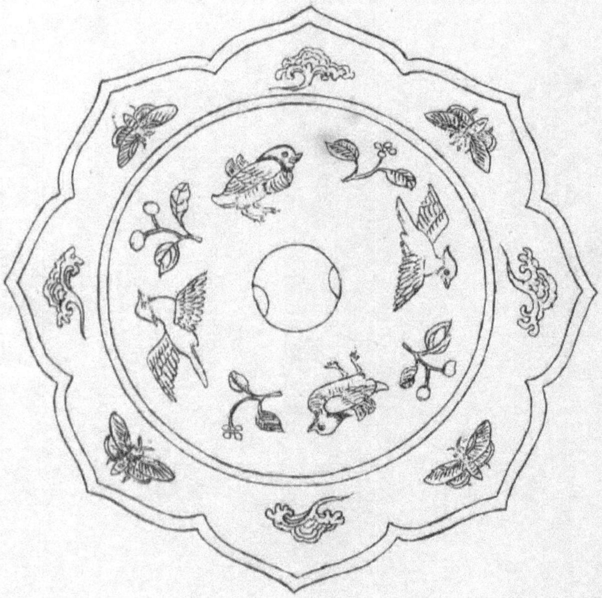

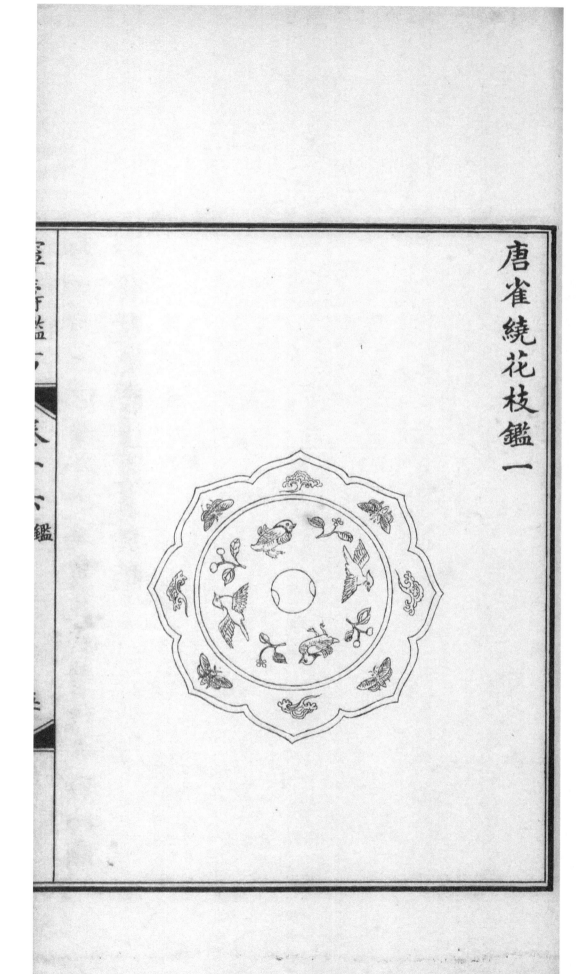

徑四寸重十一兩有半菱花式背作雀形四間
以花枝雲蜨邊素鼻無銘

唐雀繞花枝鑑二

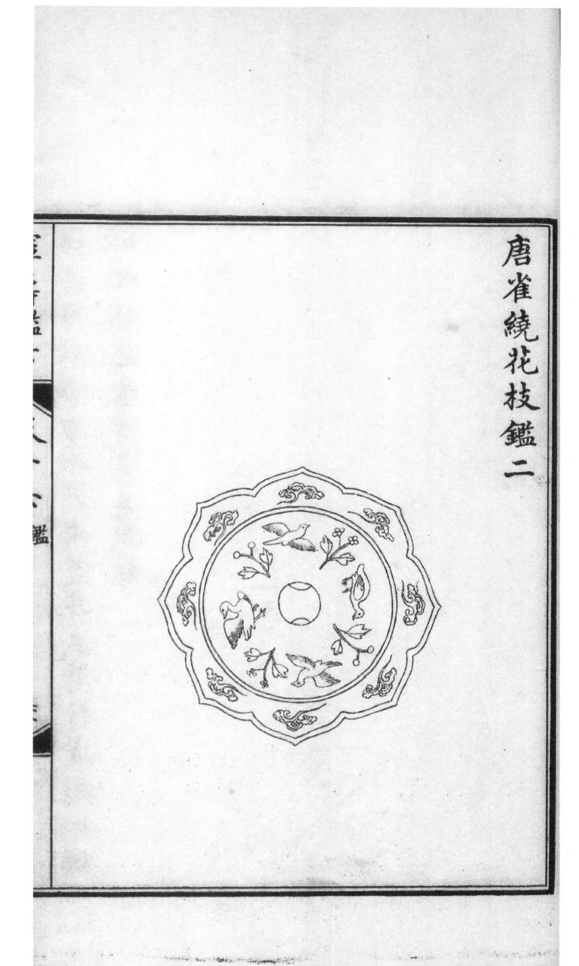

徑三寸八分重十二兩菱花式背作雀形四間以花枝流雲邊素鼻無銘

唐寶相花鑑一

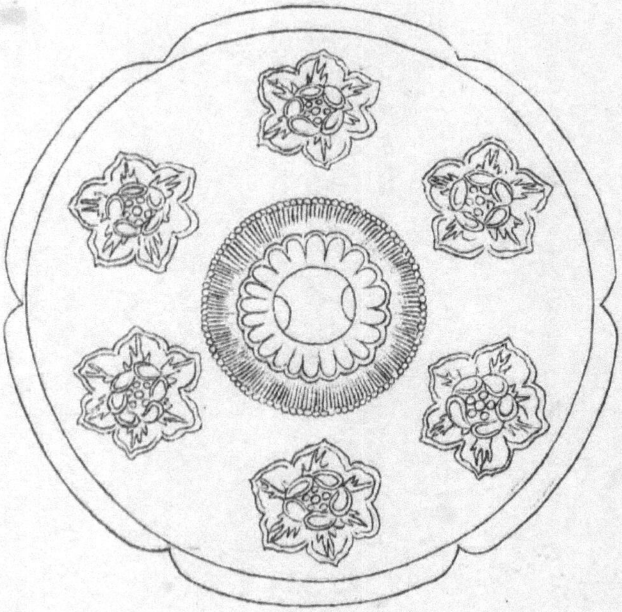

徑六寸七分重二十五兩葵花式背作花朶凡六素邊素鼻無銘

唐寶相花鑑二

徑六寸二分重二十六兩葵花式背作花朶凡
六素邊素鼻無銘

唐寶相花鑑三

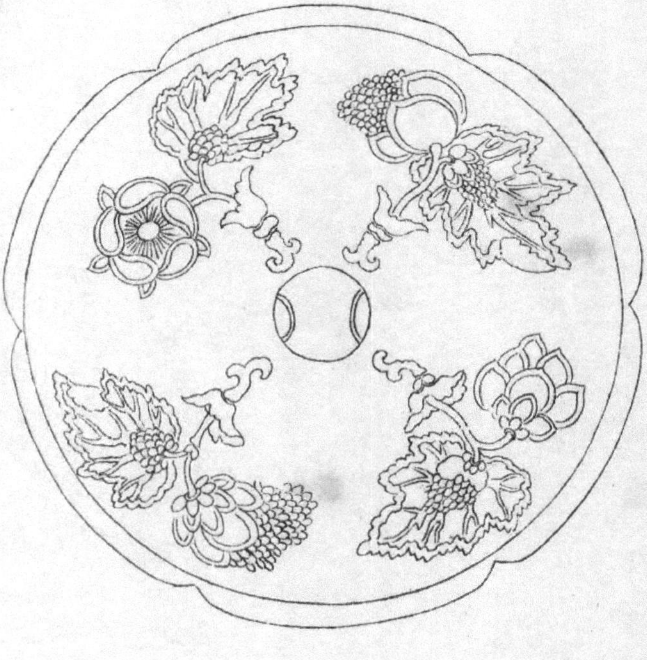

徑五寸八分重十八兩葵花式背作折枝花凡
四素邊素鼻無銘

唐寶相花鑑四

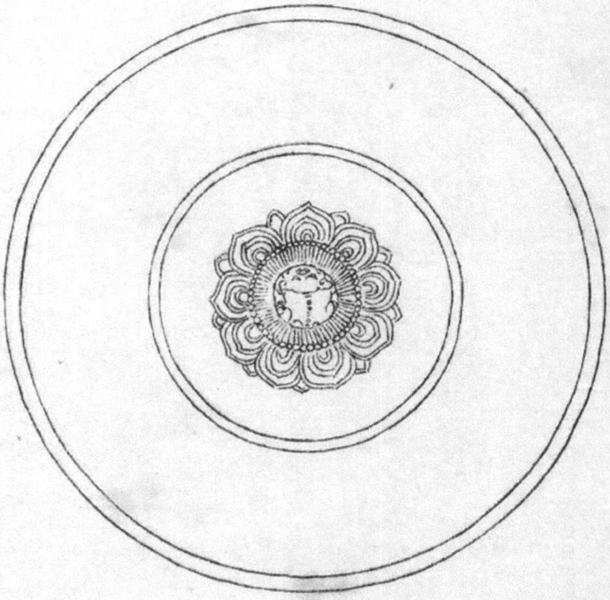

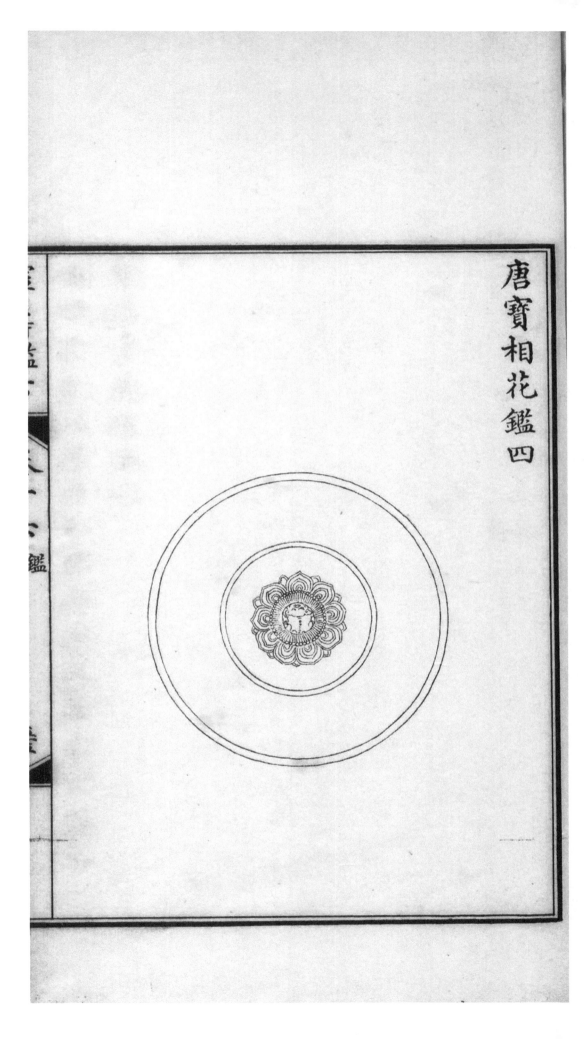

徑四寸重八兩有半背作重輪中函寶相花一
素邊素鼻無銘

中華民國二年十月出版

寧壽鑑古　三十二冊

發行所　商務印書館
上海北河南路北首寶山路

印刷所　商務印書館

總發行所　商務印書館
上海棋盤街中市

分售處
北京天津保定奉天吉林
龍江太原濟南西安開封成都
重慶漢口長沙南昌安慶蕪湖
桂林杭州福州廣州潮州
商務印書分館